# O SENHOR DO SÉTIMO TRONO

LUIS EDUARDO DE SOUZA

São Paulo
2018

Copyright © 2018 by Grupo Editorial Universo dos Livros
Todos os direitos reservados e protegidos pela Lei 9.610 de 19/02/1998.
Nenhuma parte deste livro, sem autorização prévia por escrito da editora, poderá ser reproduzida ou transmitida sejam quais forem os meios empregados: eletrônicos, mecânicos, fotográficos, gravação ou quaisquer outros.

Diretor editorial: **Luis Matos**
Editora-chefe: **Marcia Batista**
Assistentes editoriais: **Letícia Nakamura e Raquel Abranches**
Arte: **Aline Maria e Valdinei Gomes**
Capa: **Rebecca Barboza**

Dados Internacionais de Catalogação na Publicação (CIP)
Angélica Ilacqua CRB-8/7057

S716s

Souza, Luis Eduardo de
O senhor do sétimo trono / Luis Eduardo de Souza. — São Paulo : Universo dos Livros, 2018.
192 p.

ISBN 978-85-503-0351-2

1. Literatura brasileira 2. Umbanda - Ficção 3. Exu (Orixá) - Ficção I. Título

18-1379 CDD B869

Universo dos Livros Editora Ltda.
Rua do Bosque, 1589 – Bloco 2 – Conj. 603/606
CEP 01136-001 – Barra Funda – São Paulo/SP
Telefone/Fax: (11) 3392-3336
www.universodoslivros.com.br
e-mail: editor@universodoslivros.com.br
Siga-nos no Twitter: @univdoslivros

# Prólogo

O que se faz se paga. Essa é a lei, da qual ninguém pode escapar. Nem mesmo eu...

Só depois de estar quite com a Justiça Maior é que pude assumir nova incumbência, muito maior do que poderia imaginar. Anos e anos no lodo, sendo algoz e vítima. Fazendo e sendo atingido pela justiça, não a do Maior, mas a do inferior.

Mas a minha história certamente não se inicia aqui. Começa muito tempo atrás, em uma Era distante, assim como a história da maioria dos encarnados.

Eram tempos difíceis. O instinto era animal e a única coisa que se buscava era sobreviver. Quando existia bondade, ninguém conseguia identificá-la. Quando se encontrava o amor, tampouco era possível identificá-lo.

E eu estava lá. Era um deles. Matava com muita facilidade. A lei era sobreviver e, para isso, era preciso ser o mais forte.

Mas todo forte tem seu dia de mais fraco. Acabei atravessado por uma lança cuidadosamente transpassada pelas minhas costas. Se houvesse dignidade, meu algoz teria me atingido pela frente, me olhando nos olhos. Mas não era assim que funcionava, não havia pessoa digna. Éramos todos animais.

O meu algoz estava jurado por mim. Tinha matado uma de minhas mulheres quando ela resistiu às suas investidas sexuais tentando fugir de onde ele estava, e eu jurei vingança.

Todos sabiam que mexer comigo era mexer com o demônio. Não sossegava enquanto não devolvesse com juros uma agressão sofrida. Dava-me certo prazer matar, confesso.

E, quando alguém entrava para minha lista, esse alguém sabia que seus dias estavam contados. Não tinha clemência com quem não me havia feito nada, imagine com alguém que havia matado uma das minhas...

Eu só não contava que aquele seria meu dia de fraco. A dor foi intensa. Não consegui me virar nem ver meu agressor, mas, foi só cair no chão, com a lança enfiada no estômago, e algo não imaginado aconteceu.

Eu conseguia me mexer, me virar, e, embora o sangue não parasse de escorrer pelo meu corpo, pude olhar meu algoz e jurar que acabaria com ele. Fui pra cima dele, mas de alguma maneira não conseguia atingi-lo. Parecia que ele havia feito um pacto com algum demônio, pois, cada vez que o atacava, eu caía.

Em uma dessas quedas, vi algo que – isso, sim, me surpreendeu. Vi um corpo estirado no chão. Um corpo exatamente igual ao meu; mesmo rosto, só que sem vida. Achei que seria feitiçaria daquele filho de um demo, mas, o que quer que fosse, começou a me deixar em pânico.

Pude ver quando ele deixou o local, não sem antes chutar o corpo estendido e cuspir nele. Tentei acertá-lo mais uma vez, porém novamente falhei.

Comecei a vagar de um lado para outro. Sabia que, com tanto sangue escorrendo, era questão de tempo para morrer. Iria jovem ainda, mas, antes, tinha que dar um jeito para levar aquele infeliz comigo; essa era a única coisa em que pensava...

Ao mesmo tempo, comecei a ver criaturas estranhas, desfiguradas, que esbarravam em mim todo o tempo, me ameaçando, gritando comigo e, sem mais nem menos, me agredindo de todas as maneiras possíveis. Se já estava com dor pela lança enfiada em mim, imagine quando essas criaturas se aproximavam e me acertavam com chicotes, socos e chutes.

Não sabia o que estava acontecendo, mas sentia que me misturava à poça de sangue que deixava um rastro por onde passava.

Mas nenhuma ignorância dura para sempre. Trombei com alguém, que hoje sei se tratar de um espírito, que olhou para mim de uma maneira diferente e disse: "Bem-vindo ao mundo dos mortos."

– Como assim? Está maluco? Apesar desse sangue que escorre, não vou morrer sem fazer justiça. E se me rogar praga novamente, acabo com você!

— Hahahahahahah... — Uma sonora gargalhada veio do outro lado.

— Você já está morto! Por acaso não viu seu corpo estirado no chão? Isso não é feitiçaria. É a realidade. Mas a vida não acaba nunca. Morre o corpo e fica o espírito.

— Desgraçado feiticeiro, quer que acredite nessa feitiçaria? Vou acabar com você agora!

Ao tentar desferir-lhe um golpe, levei um empurrão que me jogou a uma enorme distância. Senti cada parte do meu corpo doer de uma maneira que nunca havia sentido.

Tentei levantar, mas não tinha mais forças. Apaguei completamente e tudo ficou escuro, muito escuro...

Tempos depois, mais precisamente uma semana terrena após esse acontecimento, eu acordei pensando que tinha tido o sonho mais estranho da minha vida. Fui procurar o caminho até minha casa, mas não conseguia mais achá-la; avistando somente fogo ao seu redor. Dando por minha falta, algum inimigo havia destruído minha casa completamente.

Isso não ficaria assim e, mais uma vez, jurei vingança. Procurei minhas mulheres e filhos, mas nada encontrei. Se fugiram, não deviam estar longe e eu certamente iria encontrá-los. Não queria nem pensar na hipótese de eles terem sido escravizados por meu algoz.

Eu acabaria com ele. Viveria para caçá-lo e matá-lo. Ele se arrependeria a cada dia de sua existência por ter me atacado e aos meus. Jurei vingança enquanto gritava e chorava pela dor de imaginar toda a minha família destruída.

# Olho por olho

Costumava acreditar que a vingança é o grande objetivo da existência, que, no final, só restariam os fortes e os fracos mereciam morrer.

Certamente vinha sendo testado nos últimos dias. Não bastava estar gravemente ferido, ter alucinações, imaginar que minha família havia sido escravizada pelo meu algoz e submetida a todas as loucuras daquele sádico – eu parecia estar cada vez mais longe do meu objetivo, sentindo-me em alguns momentos um verdadeiro fraco e até me questionando se, de fato, não merecia ter morrido lá. Mas sobrevivi, e devia existir alguma razão para isso. Na minha cabeça, era para completar minha vingança, que viria mais cedo ou mais tarde. Enquanto isso, era melhor ficar atento para escapar dos inimigos.

Sempre tive muitos deles, mas, nos últimos dias, o número de criaturas tentando me atacar havia aumentado muito. Não havia uma encruzilhada em que passasse e não fosse atingido por agressões de criaturas que vociferavam todo tipo de xingamento. Sabia que estava cada vez mais difícil sobreviver. Mas eu era forte e estava na hora de mostrar-lhes quem era o mais forte. Se pelo menos o sangue parasse de escorrer, teria condições de me defender e até atacar com eficiência. Enquanto houvesse tanto sangue escorrendo pelo meu corpo, eu continuaria sendo um alvo fácil para meus inimigos.

Nada, porém, é tão ruim que não possa piorar. Senti uma pancada na cabeça e uma rede cair sobre mim. Tudo se apagou novamente. Tempos depois, acordei amarrado em uma tora de madeira enquanto era chicoteado por um capataz que, ao me ver recobrar os sentidos, falou:

— Finalmente poderá sentir de verdade o meu poder. Já estava perdendo a graça espancar alguém sem consciência e sem poder sentir o que é sofrer. Agora vou poder lhe apresentar ao mundo do sofrimento eterno.

Tentei me mexer, mas estava completamente amarrado e sem condição de sair de lá. Dias e mais dias, talvez meses, passaram-se sem que fosse desamarrado e sem que o castigo diminuísse.

Foi somente depois de muito tempo que tive um golpe de sorte. Pude ver quando aquelas terras foram invadidas e o capataz que me chicoteava dia e noite foi preso pelos invasores. Pude ver também todos sendo presos, inclusive pude ver pela primeira vez o chefe do reino sendo subjugado pelo novo dono daquele trono.

Ao chegar até mim, um deles, uma criatura medonha, perguntou por que estava amarrado, e, depois de muito tempo sofrendo, parece que consegui dar a resposta certa:

— Porque sou inimigo daqueles que governavam esse trono.

— Se és inimigo deles, então serás um de nós. Jure lealdade ao nosso trono e será libertado. Ouse nos desafiar e padecerá muito mais sofrimento do que jamais imaginou, fazendo com que este tempo que passou amarrado pareça simples deleite perto do sofrimento que sentirás.

Como não é difícil prever, juraria lealdade a quem quer que fosse para escapar daquela situação e fui desamarrado. Essa vida é realmente muito estranha. Em um dia estou em minhas terras, com minhas posses, minhas mulheres, meus filhos, e no outro, sou transpassado por uma lança e então a sorte vira completamente e passo a padecer os mais profundos sentimentos.

Mas agora estava parecendo que a sorte viraria mais uma vez. Fui levado até o novo dono daquele trono, que decidiria o que fazer comigo.

Sabia que o fato de ser inimigo do antigo proprietário me dava uma certa vantagem e fazia com que eu gozasse de uma simpatia inicial. Pelo menos, era o que esperava...

# Na presença do Senhor Tranca

Eu já havia visto muita coisa nos últimos dias, mas aquela imagem era algo totalmente novo. Imponente, grande, assustadora, forte. Eu poderia ficar horas descrevendo o que estava vendo, sem encontrar algo que verdadeiramente exprimisse o que era aquilo.

Agora, sim, me sentia um fraco, pois havia encontrado algo contra o qual eu certamente não conseguiria lutar. Não que estivesse tendo alguma vantagem em lutas nos últimos tempos, mas ali estava algo contra o qual eu nem ousaria lutar.

Ao me aproximar, ouvi uma voz assustadora dizer:

— É esse o inimigo do antigo governante deste trono? Parece mais um fracote acuado, que nem sabe o que está fazendo aqui. Tens ideia de quem sou e do que faz aqui?

Pensei durante alguns segundos, pois agora não era mais a situação de parecer um valentão, mas, sim, de achar um jeito de tirar proveito daquela situação para fugir o quanto antes daquele lugar e voltar para minha casa, retomando o que o algoz havia me tirado.

— Não tenho ideia de quem tu és, mas sei que me salvaste do meu inimigo e, por isso, juro lealdade a vós, sendo que a partir de agora o que me ordenar será atendido. Serei teu servo todo o tempo e não haverá serviço solicitado que eu não atenda.

— Se a sua submissão for verdadeira, serás de grande valia, mas, se não for e estiver tentando me enganar, padecerá de sofrimento que não tem como imaginar e implorará para voltar a ser castigado por seus antigos inimigos.

— Meus auxiliares te explicarão onde estás, o que aconteceu com você e qual será a sua primeira missão, mas, antes disso, jure lealdade a mim, que sou o Senhor Exu Tranca Rua.

Nem é preciso dizer que me ajoelhei e fiz o juramento solicitado. O sofrimento havia me modificado. Em outros tempos, não havia possibilidade de alguém me fazer ajoelhar, por mais poderoso que parecesse. Mas a dor é uma rigorosa professora...

# Esclarecimentos necessários

A explicação que recebi de um dos servos do senhor Tranca foi a mais direta possível:

– Você desencarnou, morreu. Foi atravessado pela lança. Acha que ainda está vivo, pois a vida continua depois da morte do corpo, mas o que existe agora é só seu espírito. Conserva ainda todas as sensações físicas e necessidades do corpo, pois está ainda muito apegado à matéria. Você vagou preso à lembrança da vida física por mais de dois anos e só então acabou aprisionado por seus inimigos que o levaram escravizado para as regiões inferiores. E agora está aqui, tendo a oportunidade de servir ao senhor Tranca. Se tentar nos enganar ou fugir de alguma missão confiada será punido e verá que tudo o que passou até agora não foi nada perante o sofrimento proporcionado. Se seguir as ordens dadas, poderá algum dia ascender para outro nível, ganhando poderes e responsabilidades maiores. Espero que tenha entendido e não tenha perguntas.

Assenti com a cabeça, embora não tivesse entendido praticamente nada do que havia sido me passado e acreditasse que tudo aquilo não passava de feitiçaria. Mas se tinha aprendido algo nos últimos tempos era não contrariar os mais fortes.

— Pois bem, sua primeira missão será fazer o reconhecimento de um novo trono guardado por um espírito muito astuto que se faz passar por diferentes personalidades para continuar influenciando e escravizando seus seguidores. Nosso chefe quer que descubra seus pontos fracos para que possamos derrotá-lo sem ter que invadir diretamente o seu reino, pois, nesse caso, seus escravos e súditos se voltariam contra nós, e jamais teríamos o controle total daquela área. Um conselho. Não faça besteira. Só observe. Não se julgue mais esperto do que ninguém, pois, por estas bandas, só existem espertalhões e sempre encontrará alguém mais esperto que você. Mostrarei agora a direção em que deve seguir.

— Entendido. Seguirei por onde me mandar e farei o que me pede — respondi rapidamente e fiquei pensando na adaptação a minha nova fase de vida. Será que eles poderiam saber o que estava pensando? Poderiam ler meus pensamentos? Podia apostar que sim e talvez fosse a hora de começar a vigiar mais meus pensamentos...

# Minha primeira missão

Já estava andando havia muitas horas. Não sabia ao certo, pois, neste lugar, perde-se muito fácil a noção de tempo. Não existe o sol ao qual estava acostumado em minha última vida. Havia só escuridão. Não conseguia enxergar nada que estivesse a mais de cem metros. Só sabia que havia andado muito e que caminhar no lodo é mais difícil do que em qualquer outro solo que houvesse pisado anteriormente.

Isso sem contar as entidades monstruosas que toda hora trombavam o meu caminho. Quando alguma delas encrencava comigo, minha única alternativa era correr ou enfrentá-la. Na segunda hipótese, sempre saía mais ferido. Por alguma estranha razão, toda a minha experiência em lutas de nada valia naquele lugar. Dificilmente conseguia acertar alguma entidade e o natural era que elas me acertassem todos os golpes desferidos, sem que conseguisse desviar de nenhum deles.

Tentava ainda digerir a informação de que havia morrido, mas que continuava a existir em uma terra em meio ao lodo, escura, fétida e sombria; que agora havia perdido minhas propriedades, minhas mulheres e meus filhos; que meu inimigo havia me vencido covardemente e que agora provavelmente seria dono das minhas terras e teria escravizado minhas mulheres e meus filhos. A pior sensação era de que não havia mais nada a fazer. De uma das pessoas mais respeitadas e temidas, agora havia me tornado um fraco e lutava de todas as maneiras para evitar novos castigos e humilhações.

Também tentava imaginar o porquê de terem me enviado a esta missão. Por que justo eu, já que aparentemente havia centenas, talvez milhares de seres muito melhor preparados para espionar esse reino, que parecia cada vez mais distante?

E se fosse mentira tudo o que contaram? E se meu inimigo tivesse armado tudo isso com a ajuda de bruxos e feiticeiros? E se tivesse simplesmente desacordado em sono profundo e tendo minha mente dominada pelos feitiços? Jamais se pode duvidar do poder dos feiticeiros, e, mesmo eu, jamais ousei enfrentá-los, por imaginar que poderiam usar esse poder para enviar uma magia contra mim.

Mas, aparentemente, não tinha outra opção senão a de seguir para lá. As advertências foram muito claras e jamais poderia garantir que não houvesse alguém me seguindo para ver se iria realizar o que me foi ordenado. Aliás, a sensação de ser observado a distância me perseguia desde que iniciei aquela jornada.

O cansaço e o esgotamento já eram totais e decidi parar, mesmo sabendo que o local escolhido não era o mais seguro, para falar o mínimo sobre ele.

Não tinha como dormir em um lugar como aquele. Toda hora era pisoteado por alguma entidade que passava por ali. Com certeza era de propósito, uma maneira de me humilhar. Sentei-me e observei pela primeira vez um vulcão nas proximidades. Foi muito fácil identificá-lo, pois, nas terras em que vivia antes, havia um vulcão e, de tempos em tempos, ele cuspia fogo e fazia com que tivéssemos que fugir em disparada. Mas deste vulcão saía algo diferente, um líquido escuro. Observei o que dava para ver daquele vulcão e imaginei que tudo ali girava em torno dele, que parecia, de alguma maneira, gerenciar a vida daqueles que ali habitavam. Naquele momento, porém, não tinha a menor ideia de como aquilo era possível e certamente havia coisas mais urgentes para me preocupar, como sobreviver e não ser capturado por nenhum daqueles grupos que ali estavam.

Era hora de voltar a caminhar, pois parado virava alvo fácil para todos que ali se encontravam. Agora não só o cansaço, mas a fome e a sede me consumiam. Não havia água de nenhum tipo, só lama e lodo. A maior parte do tempo pisava e afundava até acima do joelho em superfícies que mais lembravam areia movediça.

Caminhei horas e dias a fio e finalmente cheguei até o local designado. Consegui avistar entidades que pareciam soldados protegendo o trono principal e me levantei para tentar observar melhor aquele local. Ao me elevar, porém, senti uma corda envolver meu pescoço e comecei a ser arrastado pelo chão por uma entidade com fisionomia monstruosa.

Quando finalmente parei de ser arrastado, e a dor já tomava completamente aquilo que ainda insistia em chamar de corpo, fui deixado em uma espécie de calabouço com tipos que jamais gostaria de ter cruzado. Foram dias e mais dias de sofrimento até que abriram a porta daquele inferno e fui levado para fora, ao encontro do dono daquele trono. Sua figura, confesso, não parecia tão aterradora, mas era firme, e seu olhar era hipnotizador e sombrio ao mesmo tempo.

– Quem te mandou até aqui para observar o meu reino? Sabes que posso ler teus pensamentos, mas espero que não precise usar meu poder para isso.

Gaguejei por alguns segundos enquanto tentava rapidamente pensar em qual lado era melhor ficar naquela história, quem seria o pior inimigo, aquele ser que acabava de encontrar ou o Seu Tranca? Optei por manter minha lealdade ao senhor Tranca, mas não sei o motivo que me levou a escolher esse caminho.

– Senhor, peço clemência. Estava vagando por essas terras sem saber o que acontecia comigo, absorvido por alucinações e inimigos que me assombravam. Dias caminhando sem rumo e, vencido pelo cansaço, eu caí próximo a vossas terras e então fui trazido para cá e feito prisioneiro.

– Queres mesmo que acredite em tamanha história sem pé nem cabeça?

— Senhor, juro que é a verdade. Não teria outra coisa a fazer por aqui. Certamente meu poder é infinitamente inferior ao de qualquer um aqui presente e não teria como ousar desafiar a vossa supremacia. Juro obediência a vossas ordens e lealdade a vós que é o mais poderoso ser que já pude estar em presença.

A sombria entidade sorriu, e, ainda que fosse um sorriso enigmático, senti, naquele momento, que havia pegado no ponto fraco dele e que era só elogiá-lo para ganhar sua simpatia.

— Vou lhe permitir viver e ficar aqui como um servo, mas a partir de agora sua existência me pertence e terás que seguir tudo aquilo que lhe for ordenado. Agora saia da minha frente, antes que me arrependa de tamanho ato de bondade.

Mais que depressa reverenciei a entidade e saí da frente de seus olhos. Um dos serviçais veio até mim e me levou até meu posto de trabalho, no qual seria uma das sentinelas que protegeriam a barreira que circundava aquele local.

Percebi que havia poucas sentinelas para um reino tão grande e questionei o serviçal, que respondeu que as sentinelas recebiam constantemente descargas elétricas naquele lugar e acabavam sucumbindo. A explicação foi seguida de uma risada muito sinistra.

Explicou também que ali era só a primeira defesa do trono e que, ao sinal de qualquer tentativa de invasão, era minha incumbência e de outras sentinelas dar o alerta para que a defesa principal, que ficava no interior do reino, pudesse protegê-lo contra qualquer inimigo que se aproximasse e que, além disso, havia seres como aquele que me capturou que patrulhavam ao redor do reino atacando e prendendo todos que se aproximassem de lá.

Fiquei de sentinela e me peguei novamente em devaneio. Como minha vida havia mudado em tão pouco tempo? Era um ser temido por todos e agora estava ali esperando por uma descarga elétrica, após ter sido espancado durante dias, e após todas as dores que havia sentido naqueles últimos tempos. Olhei para o meu corpo e vi que o sangue que antes escorria havia se transformado em uma crosta dura, preta e fétida. Certamente não tinha mais a forma humana, parecendo-me cada vez mais com um animal. Mas, estranhamente, minha capacidade de pensar só havia aumentado.

Em vida, nunca havia sido alguém que pensasse muito. Era de ação. Acabava com meus inimigos antes que acabassem comigo. Era um guerreiro. Havia sido preparado para isso e só sabia lutar. Pensar e sentir não eram coisas que fazia normalmente. Nos últimos tempos, porém, pensava mais sobre tudo e tentava buscar algo que explicasse o que estava acontecendo comigo e que me ajudasse a sair daquela situação.

# Reconhecimento de campo

Não havia dia e noite e, portanto, não havia fim do "expediente". Tínhamos direito a uma rápida caminhada pelo reino uma vez a cada período. Esse período não tinha correlação com dia, hora ou qualquer outra medida terrena, nem tinha uma duração de intervalo fixa, como pude perceber com o passar dos dias. Quando ouvia um apito, era hora de sair do meu posto. Quando ouvia dois apitos, era hora de voltar. Atrasos não eram tolerados.

Ao ouvir um apito, saí do meu posto e fui lá para dentro, onde podíamos tomar algo que chamavam de sopa, mas que certamente tinha muito mais gosto de lama e, lhes garanto, só provando lama para saber o quanto é ruim.

Mas parecia que aquele caldo dava algum tipo de energia que me permitia cumprir mais um turno, então não o dispensava. No entanto, tomava-o o mais rápido possível, pois sabia que deveria buscar conhecer o máximo de coisas dentro daquele reino.

Como não havia visto nada de significativo até então, a não ser as linhas de defesa, o calabouço de prisioneiros e o escasso alimento disputado por todos, achei que era hora de tentar chegar mais próximo do trono para ver se havia algo diferente. Fui mais do que depressa correndo até lá, pois sabia que, ao ouvir dois apitos, teria que voltar imediatamente. Escondendo-me e rastejando, consegui chegar o mais próximo possível dali e avistei aquela criatura enigmática sentada em seu trono e cercada por belas mulheres seminuas. Era a primeira vez em muito tempo que via alguém do sexo oposto que pudesse ser identificada claramente como mulher e transparecesse beleza. Até então todos pareciam animais, fêmeas ou machos.

Mas aquelas mulheres eram diferentes, lindas e hipnotizantes. Percebi rapidamente que todas tinham no tornozelo a mesma corrente que havia sido colocada no meu, o que significava que eram escravas dele. Pude observar a distância como ele as tocava, e elas cediam ao seu desejo, mesmo com um certo ar de repulsa em seus rostos.

Queria observar mais, mas o apito tocou, e era hora de correr para chegar o quanto antes. Fiquei aliviado ao voltar para o meu posto e perceber que não havia sido notada a minha falta. Perdido em pensamentos, não conseguia tirar da cabeça a imagem daquelas mulheres seminuas se entregando àquela criatura. Depois de muito tempo, senti novamente minha virilidade e me lembrei de como era ter mulheres ao meu dispor. Na Terra, fazia questão de ter em minha propriedade as mais lindas mulheres para satisfazer todo tipo de desejo e agora não conseguia não me imaginar no lugar daquela entidade e sendo senhor daquelas mulheres.

# Nova incursão

O tempo não passava de jeito algum. Parecia interminável minha espera pelo som do apito, que não vinha nunca... Estava tomado por uma curiosidade total para saber o que mais se passava naquele trono e admirar mais uma vez aquelas lindas mulheres, que tomaram meus pensamentos desde que as vi pela primeira vez.

Sabia que, se fosse pego espionando, meu castigo seria pior do que jamais havia imaginado e, mesmo assim, não conseguia mais tirar da cabeça aquela visão, e isso agora me parecia justificativa para assumir qualquer risco.

A fim de ter mais tempo de observação, passei direto pelo "caldo" e dei a volta por trás do trono para que pudesse chegar o mais perto possível dele. Reparei que a proteção daquela entidade era feita por seis seres que ficavam estrategicamente posicionados, e que, no altar construído ali, ficavam as doze mulheres. Mas, desta vez, pude perceber uma décima terceira que ficava sentada acima das demais.

Aproximando-me mais, pude ouvir um diálogo entre a entidade governante e outro ser que ainda não tinha visto por ali.

— Acaso pensas que sou ignorante e não sei que conspiram contra mim? Preciso que pare de desculpas e descubra logo o que estão tramando. Desde que os exus foram colocados em nossos domínios, venho perdendo minha influência e tive recentemente notícias de que antigos governantes foram destituídos de seus tronos, que foram tomados definitivamente para o domínio dos exus.

— Esses exus servem à Luz e se tornaram guerreiros que conhecem os mistérios do lado da sombra e do lado da Luz. Por isso eles são tão perigosos. Não são facilmente enganados como alguns emissários da Luz que, de tempos em tempos, se aventuram deste lado e, ao mesmo tempo, sabemos que vão se tornando cada vez mais poderosos, pois a cada trono que conquistam novos mistérios lhes são revelados. A missão deles, pelo que sei, é controlar a influência de entidades inferiores sobre os encarnados, protegendo-os das investidas do Mal. A cada dia que passa, esses exus estão sendo mais respeitados e temidos, sendo mera questão de tempo para que venham me importunar.

— Só não chegaram até mim, por enquanto, pois conheço o mistério da magia que me permite hipnotizar espíritos inferiores e mantê-los sob minhas ordens. Caso ousem me enfrentar, posso convocar um verdadeiro exército leal que se porá em luta contra eles, e as baixas serão grandes para ambos. Os exus não são burros e não se colocariam em uma Guerra na qual não poderiam prever e controlar os resultados.

- Mas, senhor, eu já estive por demasiado tempo entre eles, sem que nada me fosse passado. Se tivessem querendo atacá-lo, eu já teria essa informação.

- Vamos surpreendê-los. Prepare um ataque ao trono do senhor Tranca. Ele vai cair, pois não espera tamanha ousadia de um inimigo. Reúna nossos mais cruéis combatentes. Pessoalmente vou acompanhá-los e com meu poder de magia vou hipnotizar todos aqueles que estão sob sua tutela, fazendo com que se voltem contra ele.

Queria ouvir mais, mas o apito havia soado e era hora de voltar ao meu posto. Mas não sem antes observar rapidamente aquelas beldades e me imaginar como senhor daquele trono...

Ao retornar ao meu posto, fui surpreendido por um vigilante que me puxou pelo colarinho e me levou arrastado até o calabouço, dizendo que passaria um tempo naquela prisão para que aprendesse a não me atrasar novamente.

Fui jogado naquela lama fétida e trancafiado lá junto com outros prisioneiros. Em pouco tempo, já estava brigando com outros estropiados como eu. Foram incontáveis os socos e pontapés que levei, e a dor era muita. Mas também bati, ah se bati...

Nesse tipo de briga, chega um momento em que os lutadores estão tão exaustos pela falta de comida e energia que simplesmente caem no chão sem oferecer mais qualquer disposição para continuar o combate. E essa era minha situação no momento. Estirado no chão, ensanguentado, com dificuldade para respirar, fome e sede.

Não havia chance alguma de escapar de lá e passei dias, noites, talvez meses assim, esperando que um dia se lembrassem novamente de mim e fossem me buscar. E esse dia felizmente chegou.

Fui colocado novamente no posto de vigília. O apito veio depois de muito tempo que estava lá e fui até o "caldo" que, depois de tanto tempo sem ingerir nada, parecia muito melhor do que antes. Ao terminar, lembrei-me da entidade que comandava lá e, é claro, de suas maravilhosas mulheres e, como não havia aprendido a lição, fui até perto do trono novamente.

Para minha surpresa, a entidade não estava mais por lá, nem sua segurança, o que me permitiu aproximar-me muito do trono e observar de perto suas mulheres. Sorrateiramente me aproximei tanto que fui notado por uma delas que falou diretamente comigo.

– O que faz aqui? Ousas invadir o território do seu senhor? Acaso não sabes do destino que lhe será imposto se o pegarem aqui?

– Perdão, senhora. Minha intenção não foi a de afrontá-la, nem ao nosso senhor. Perdi-me no caminho de volta para a minha vigília e acabei vindo parar aqui. Quando avistei vossa beleza fiquei paralisado, pois nunca havia visto algo tão belo quanto a senhora e nutrido um desejo tão forte por alguém, se me permite dizer.

Todas sorriram maliciosamente. Tinham algo que enfeitiçava a todos e elas sabiam disso. Por alguns segundos, achei que elas eram as verdadeiras hipnotizadoras e não a entidade temida.

– Seus pensamentos o traem, mas, ao mesmo tempo, te mostram as explicações corretas. O poder está em nós e, independentemente de quem esteja no comando, nós pertencemos a este trono, e ele nos pertence. Pode se aproximar mais de nós, já que é isso que queres. Deixe-se vir e toque-nos.

Não consigo me lembrar exatamente do que aconteceu ali, mas nunca havia sentido uma energia tão poderosa como aquela, uma mistura de desejo, força, virilidade e vitalidade, que depois de muito tempo me remeteu ao que eu já fui um dia, muito longe do trapo que me sentia.

Pouco tempo depois, acordei de algo que parecia um longo sono, mas já estava completamente renovado. Ainda recobrando o sentido da realidade, escutei uma voz masculina e rapidamente busquei me esconder entre elas.

– Senhoras, estamos à procura de um vigia que fugiu de seu posto. Por acaso, viram algo?

– Não o vimos, mas se ele aparecer por aqui, nós os avisaremos imediatamente.

Um alívio tomou conta de mim, seguido de uma enorme preocupação. Sabia do meu castigo se retornasse para meu posto ou se fosse encontrado por um dos servos. Queria fugir de lá, mas não sabia como. Ao mesmo tempo, não conseguia pensar em dar um passo dali sem que elas me ordenassem.

– Sente-se melhor?

— Sim, muito melhor. Vós renovastes completamente minha energia. Sinto medo ainda, mas sinto muito mais força do que antes.

— Você se nutriu de nossa energia e nós da sua virilidade. A energia sexual é a mais poderosa energia que existe e, se usada de maneira adequada, é poderoso revigorante e fonte da eterna força. Fique aqui conosco por enquanto que o esconderemos até que não estejam mais procurando por ti.

Só pude pensar que não havia melhor lugar para ficar. Como invejei a entidade que comandava aquele trono por ter à sua disposição tal fonte de prazer, energia e vitalidade. Após um descanso revigorante, acordei nos braços de uma delas e imediatamente minha virilidade havia novamente aparecido e me nutri dela de uma maneira que nunca havia feito em vida.

Ao terminar, eu a ouvi dizer que era a minha hora de fugir de lá, pois, se aguardasse mais, a entidade poderia retornar e padeceria por sofrimentos jamais imaginados. Sabia que seria melhor aproveitar aquele momento e partir, mas como deixar para trás aquele paraíso em meio às trevas?

— Sei que pode parecer grande abuso, mas prefiro passar mais alguns instantes ao lado de vossas e padecer sofrimentos por toda a eternidade do que nunca mais sofrer e deixá-las imediatamente. — Novamente, pude presenciar aquele mesmo sorriso enigmático e malicioso. — Se não fosse pedir muito, gostaria que me introduzissem na arte da magia e hipnose, para que eu possa aprender como fazem isso.

E, por algum estranho motivo, elas não me negaram esse aprendizado, sendo que por todo o dia fui treinado para também usar os poderes da magia negra e da arte da hipnose.

De certo, vocês entendem que não posso aqui compartilhar esse conhecimento, pois sei das consequências nefastas do seu mau uso não só para aquele que recebe, mas especialmente para aquele que pratica tais magias. Antes de me introduzirem no conhecimento da magia, a advertência que recebi foi muito clara: se eu usasse a magia para prejudicar alguém seria automaticamente desligado daquele trono como filho, e entregue à própria sorte.

Consequência disso, sabia que a partir daquele momento estava diretamente ligado ao conhecimento fornecido pelo Sétimo Trono e, mesmo assim, não poderia permanecer ali por muito tempo, pois logo o dono do trono retornaria e certamente iria me punir por estar ali na companhia de suas mulheres. Era definitivamente chegada a hora de me despedir e partir.

Guardei na lembrança aquelas maravilhosas mulheres que muito me ensinaram e parti, me escondendo das sentinelas, rumo ao trono do senhor Tranca Rua que me enviara para essa missão de reconhecimento. De certo, levaria informações que muito o interessariam, e poderia até ser recompensado de alguma maneira.

A volta pelo lodo estava mais tranquila. Com o que aprendi com as entidades femininas pude curar muitas das minhas chagas e minha aparência já estava melhorada. Também me sentia mais forte e conseguia, com um simples olhar, afastar muitos inimigos que tentavam se aproximar em meu caminho. Estava claro para mim que me sentia totalmente diferente, não aquele trapo humano que havia chegado ao Sétimo Trono, tampouco aquele impiedoso guerreiro da minha última existência. Estava nascendo algo novo dentro de mim...

Não que estivesse completamente fácil. Sempre há alguém mais forte e mais esperto que você, mas, pelo menos, o número destes já não era tão grande, e conseguia me camuflar mais fácil. Além disso, a lembrança daquelas entidades me trazia momentos de excitação que suavizava minha tenebrosa jornada.

Após muito tempo de caminhada, cheguei novamente ao reino do senhor Tranca e logo fui levado à presença dele, que soltou uma enigmática gargalhada ao me ver e, antes que eu pudesse começar o meu relato, falou:

– Quero contar uma história.

*Há muito tempo conheci um homem que tinha uma quantidade significativa de riqueza. Por isso, era temido e ao mesmo tempo invejado por todos. Ele tinha uma esposa de feições muito bonitas e isso fazia com que os outros homens também a desejassem. Ele não era guerreiro em um tempo em que a maioria das coisas era resolvida na base da força. Mas, com seu dinheiro, comprava proteção de mercenários que tudo faziam por riquezas materiais. Não preciso nem dizer que ele não tinha felicidade, nem paz. Quanto mais dinheiro ganhava, mais atraía inimigos. E era, sim, um sujeito muito próspero. Tudo o que tocava se desenvolvia e acumulou fortuna mais rápido do que qualquer um na região. Mas havia uma história sobre ele que ninguém sabia. Havia se apaixonado por uma mulher da vida, uma meretriz. Essa mulher havia tido um filho seu e morava em uma casa comprada por ele. Havia deixado a prostituição e se dedicava somente a cuidar do seu filho. Ele a visitava de tempos em tempos, e esses eram os raros momentos de felicidade que tinha. Sabrina, a ex-mulher da vida, tinha a capacidade de revigorá-lo e fazer com que se sentisse entusiasmado, pelo menos pelo tempo em que estava ali. Apesar de linda, sua mulher era somente como um troféu para ele. Nada mais. Não a desejava e há muito tempo não tinha um relacionamento de afeição. Simplesmente conviviam. Mas ele não conseguia conceber a ideia de deixá-la, nem de imaginar que qualquer homem pudesse tocá-la. Tinha a felicidade nos braços da ex-prostituta, um filho bastardo que o alegrava, e um casamento para as convenções da sociedade. Quando conheceu Regina, sua mulher, ele imediatamente se encantou com sua beleza, que era cortejada por todos no vilarejo.*

*Desde cedo, Regina encantava a todos com sua beleza e usava seus atributos para provocar. Mas sua ideia sempre foi a de arrumar alguém com riqueza para lhe dar uma vida de rainha. Queria ter tudo do bom e do melhor, e faria o que fosse necessário para conseguir isso. Não foi difícil enxergar no mercador alguém com potencial de lhe dar tudo o que desejava. E conquistá-lo também não foi difícil, já que era uma mulher com muitos atributos. Consumaram casamento em pouco tempo. Para ela o casamento representou a vida que queira ter, cercada de joias, criados e todo tipo de conforto. Para ele, representou continuar só e não ter alguém com quem dividir algo, além dos seus bens. Certo dia conheceu Sabrina em um bordel, e o amor foi imediato. Nos dias seguintes ao primeiro encontro não conseguia imaginar a meretriz com outro homem e logo voltou lá para dizer que a queria só para ele. Aquele homem impetuoso e decidido encantou Sabrina que passou a buscar somente ele. Em pouco tempo, ela engravidou dele, e foi morar em uma das suas propriedades. Mas ninguém no vilarejo sabia a verdadeira identidade do homem que de vez em quando a visitava. Até que um dia Sabrina estava adoecida e uma vizinha se ofereceu para ajudá-la. Sozinha e com medo de morrer ela pediu que a mulher avisasse a um "velho amigo". A mulher se prontificou a ajudá-la e, quando chegou lá, passou o recado, não sem antes se espantar ante* a presença de um homem tão poderoso e conhecido por todos. Não demorou muito para ela identificar a pequena criança com traços do ilustre senhor e ter a convicção de que ele e Sabrina eram amantes. Ao buscar se informar, descobriu que a vizinha se tratava de uma meretriz, que trabalhara em um cabaré em outro vilarejo. Nunca conseguiu guardar segredo sobre nada, mas ali viu muito mais do que uma mera fofoca, viu uma oportunidade de se dar bem chantageando o nobre senhor para tentar extorquir-lhe uma considerável quantia por seu silêncio. Imaginava qual seria o preço para se calar e não contar que o homem mais rico do vilarejo, muito bem casado, havia engravidado uma meretriz e a visitava periodicamente às escondidas. Certamente, entendia que isso deveria valer muito dinheiro... Dona Joana, a fofoqueira oficial do vilarejo, abastecida de coragem e ganância resolveu que era a hora de ganhar algum dinheiro e foi ao encontro do nobre senhor:

– Boa tarde, senhor! Lembra-se de mim? Estive aqui, entregando o recado de Sabrina.

– Claro que me lembro. O que houve com ela? – perguntou o homem já aflito.

– Com ela nada, graças a Deus. O que gostaria de lhe falar é algo que se passa comigo. Sabes muito bem que sou uma mulher simples. Nos últimos tempos, venho passando por certa dificuldade e, tendo em vista que se trata de um homem rico e generoso, queria saber se não conseguiria me ajudar.

Nisso, o homem sacou uma moeda de ouro do bolso e entregou à mulher dizendo: – Tome, acredito que lhe ajude.

Dona Joana, então, retrucou: – Não, o senhor não está entendendo. Eu preciso de muito mais. Isso é pouco.

– Eu é que não estou entendendo aonde você quer chegar – retrucou o homem já profundamente irritado.

– Muito bonita a sua esposa, né? É Regina o nome dela, não?

– Pode parar, já sei aonde você quer chegar. Sabrina é só uma velha amiga, nada mais.

– Sem dúvida, jamais diria o contrário. Entretanto, o menino parece muito com o senhor, não é? Jamais gostaria de causar problema no relacionamento de um casal tão bonito. Por isso, entendo que o senhor pode me ajudar com muito mais. Não fará falta e prometo que serei sua aliada, sempre.

– Como ousas vir aqui me ameaçar? Pois fique sabendo que não receberá nada, nem tampouco essa moeda que lhe dei. Suma daqui e não ouse voltar para me ameaçar. Deixe-me em paz, a Sabrina, ao menino e a Regina. Você me entendeu, velha?

– Entendi, entendi, entendi, sim... Mas está cometendo um grave erro. Deixe estar... – e retirou-se rapidamente.

*Mal sabia o homem que a paz, que já lhe era tão escassa, a partir de agora sumiria de vez da sua vida... Dona Joana, espumando de ódio, decidiu que falaria com Regina e faria esta saber da situação do seu marido. Poucos dias depois, foi ao encontro dela.*

– Bom dia, formosa senhora! Sou uma vidente e tive visões sobre sua vida. Quero lhe ajudar. As informações que trago são de uma entidade que gosta muito da senhora e pediu que lhe informasse algo muito grave.

– Escute: pare de tolice. Não tenho tempo a perder com besteiras. Acredita que uma mulher na minha posição vai perder tempo com alguém como você, que é uma maltrapilha. Vidente? Era só o que me faltava... Suma da minha frente, antes que peça que um dos meus serviçais lhe expulse daqui.

– Mas nem se a informação for sobre seu marido, ou melhor, sobre a amante e o filho bastardo dele?

– O que está dizendo?

– A senhora pode me escutar ou me mandar embora. Decida o que preferir, mas, se a informação for correta, quero ser bem recompensada por isso.

– Me dê a informação, velha, e eu decido o que fazer com ela e com você.

– Não se arrependerá, senhora. Tive uma visão do seu marido. Ele a está traindo com uma meretriz.

– Não acredito que veio até aqui por causa disso? Suma da minha frente, antes que peça que um dos meus criados acabe com você, sua velha. Porventura, não sabe que todo homem tem necessidade física e busca a satisfação com prostitutas? Somente dessa maneira é que deixam de importunar as suas mulheres. Saia agora – gritou!

– Mas eles chegam a fazer filho nessas prostitutas?

– O que disse?

– Eu vi exatamente o seu marido indo até uma casa em que colocou uma meretriz, que é mãe do filho bastardo dele.

– Estás blasfemando e pagarás caro por isso, sua velha.

– Então me diga se ele não sai toda quinta-feira à tarde retornando só no outro dia com o pretexto de fazer negócios...

A linda mulher já havia notado que era sempre no mesmo dia que o marido saía. Tinha estranhado, mas julgava que ele deveria estar se esbaldando em uma casa de meretriz, mas nunca que estaria visitando a mãe de um filho bastardo.

Tomada de ira, ela falou que se fosse verdade era para a velha a levar até lá naquele momento, mas se fosse mentira esta teria sua cabeça decepada para que nunca mais importunasse alguém.

– Eu a levo, mas, para isso, quero uma boa quantia em dinheiro – retrucou.

– Se for verdade o que me diz, receberá mais dinheiro do que necessita. Agora, vamos.

— *Aguarde até quinta e poderá ver com seus próprios olhos seu marido entrar na alcova. Daqui a dois dias retornarei.*

*Passados dois dias, estava lá a velha para guiar a mulher até onde poderia ver se o que dizia era verdade. Regina passara os dois últimos dias tomada de profunda ira, sem que o marido pudesse imaginar o porquê daquela irritação. Não que ela fosse uma pessoa tranquila, longe disso, mas nunca tinha visto ela naquele estado, tendo, por várias vezes, tentado extrair qual o problema de sua esposa, e recebendo sempre como resposta que estava com forte dor na cabeça. Naquele dia o marido havia saído como de costume e avisado que não retornaria, pois fecharia um importante negócio. Ela não conseguia disfarçar a contrariedade, mas ainda assim o marido partiu pensando que conseguiria passar algumas horas sem ter que conviver com aquele mau humor dela. Trinta minutos à espreita do outro lado da rua, escondida atrás de um arbusto, e as duas avistaram um senhor de capuz entrando na casa. Pela roupa, altura, medidas, não havia como não ser seu marido, mesmo que não tivesse como ver o rosto.*

— *Pois bem, agora acredita em mim? Vou lhe contar tudo o que sei. Venha até a minha casa, sei que é humilde, mas lá poderemos conversar longe do olhar dos curiosos.*

*Após ouvir todo o relato, a mulher, já transtornada, questionou o que garantia que tudo o que ela estava falando era verdade, especialmente a história sobre o bastardo.*

– Conheço uma meretriz que trabalhou junto com Sabrina e pode confirmar a história. Venha comigo.

– Não, não será necessário. Qual horário em que ele costuma sair da casa dela?

– Só por volta das dez da manhã.

– Pois bem, estarei aqui neste horário.

*No outro dia, estava lá desde às oito horas, pois não havia conseguido dormir, tal o grau de nervosismo em que estava. Atrás do mesmo arbusto conseguiu ver quando o marido fechou a porta e rapidamente colocou o capuz cobrindo-lhe o rosto. Pôde avistar também Sabrina na janela, observando-o partir, junto com o menino. Aguardou um tempo por lá, o suficiente para ver o menino na rua. Dirigiu-se até ele e, chegando mais perto, pode notar o nariz e o queixo iguais ao do marido, para falar o mínimo. Eram realmente parecidos. Um varão, pensou... Um herdeiro... Isso não vai ficar assim. Tentou esconder sua ira e aproximou-se do menino:*

– Oi, menino. Qual é o seu nome?

*A resposta foi Zaquel, o mesmo nome do avô do seu marido.*

– Quantos anos você tem?

– Quatro anos – fez o menino com a mão.

*Ela sentiu um ódio tal que a vontade era avançar sobre a criança e enforcá-la, mas não poderia fazer aquilo. Pelo menos, não naquele momento. Passou a mão na cabeça do menino, virou-se e foi embora, sendo rapidamente alcançada pela velha Joana:*
*— Então agora tenho sua confiança?*
*— Ainda não.*
*— Como assim? Fiz o que combinamos.*
*— Pois só terá minha confiança e os bens que deseja se me ajudar a acabar com essa família, primeiro o menino e depois a mulher. Está me entendendo?*
*E segurou a mulher pelo pescoço, mostrando uma fisionomia completamente diferente daquela doce que encantava especialmente aos homens, e a qual já havia lhe ajudado a seduzir muitos homens durante as viagens do seu marido. Aceitaria a infidelidade dele, mas jamais poderia aceitar um bastardo para compartilhar seus bens, e nunca aceitaria que o seu marido tivesse colocado outra mulher em uma de suas propriedades. Isso era muita afronta, e ela daria o troco.*
*— Velha, vamos até sua casa que vou falar o que você vai ter de fazer.*
*E ali, naquela casa, tramou-se uma história muito triste que iria mudar de vez a vida de todos os envolvidos.*

Estava paralisado ouvindo a história que o senhor Tranca me contava. Não entendia por que ele estava me contando tal história, mas sentia algo familiar ali. Quando minha mente começava a divagar em pensamentos fui interrompido por uma voz severa que dizia:

– Preste atenção a esta história e pare de divagar com a mente. Ouça, preste atenção. Querer tirar conclusões por conta própria é perda de tempo.

*No dia seguinte à conversa entre as duas, vemos o homem em sua casa, descansando, após um longo dia de trabalho. Mal sabia ele o que estava por vir...*

*– Meu querido, como foi seu dia? – perguntou sua esposa, com um tom de voz que não conseguia disfarçar a sua contrariedade.*

*– Foi muito cansativo. Hoje fechamos um grande negócio e terei que partir rumo ao vilarejo de Antióquia para buscar a mercadoria. Estou exausto, parto amanhã cedo para lá, e retorno só no outro dia.*

*– Descanse então, meu querido. O dia será longo... Vou dar uma volta lá fora para tomar um ar, enquanto você descansa.*

*– Claro, meu amor. Pode ir.*

*Apesar de achar um pouco estranho o tom de voz da sua mulher, estava tão cansado que nem conseguiu pensar sobre isso. Em poucos minutos, já estava em sono profundo. Regina, ao contrário, estava muito inquieta. Saiu pelas ruas para tomar um ar, mas, pouco tempo depois, embrenhou-se em uma das* vilas, entrando na casa de Valeri, um dos homens que satisfaziam suas necessidades sexuais, desde que o casamento passou a dar sinais de que não ia bem.

– Amor, o que faz aqui? Costuma me visitar somente às quintas-feiras. Não à esperava, mas confesso que adorei a surpresa.

– Senti muito a sua falta e aproveitei que o meu marido estava dormindo para vir escondido te encontrar. Não conseguia parar de pensar em você e tampouco conseguia conter meu desejo, que arde como fogo. Venha me satisfazer, meu garanhão...

E, em pouco tempo, só se ouvia os gemidos de Regina, enquanto os dois faziam sexo em pé, apoiando-se na parede da casa de Valeri. A relação era profunda, intensa, muito diferente da chatice do seu casamento em que seu marido só transava para cumprir com a sua obrigação conjugal. Ali, havia aventura de verdade. E, nos últimos três anos, Valeri tinha lhe propiciado momentos de maior entusiasmo e excitação. Não que não visitasse outros homens, mas, com ele, era mais intenso, animal, do jeito que ela gostava. Valeri era um guerreiro, um homem que não usava o cérebro para nada, mas que compensava tudo com seus dotes físicos. Havia se encantado com a formosura de Regina e, desde que ela havia cedido a uma de suas investidas, apaixonara-se perdidamente por ela, a ponto de sugerir em diversas ocasiões que os dois fugissem para viver aquele amor proibido. Mas, para

*Regina, era só sexo, satisfação e prazer. Naquele dia, porém, ela estava diferente. Assim que terminaram de transar, ela disse a que veio.*

*– Minha delícia, lembra que disse que faria qualquer coisa por mim?*

*– Como poderia esquecer? Eu vivo e morro por você, meu amor...*

*– Chegou a hora de provar isso, minha delícia.*

*O que se seguiu então foi um repasse do plano arquitetado por ela para resolver de uma vez por todas aquela situação. Após se despedirem ardentemente, ela voltou para sua casa e, ao chegar lá, encontrou o marido em sono profundo. Você não perde por esperar, vai me pagar caro o que fez, pensou... Alguns dias depois, Sabrina voltava para casa, após buscar mantimentos, quando um homem a abordou.*

*– Venha aqui, comigo. Tem alguém muito importante que deseja te ver agora.*

*– Como assim? Não irei a lugar nenhum.*

*– É o pai do seu filho que quer lhe ver.*

*Surpreendida, ela respondeu que, se acaso ele quisesse vê-la, ele viria até ali.*

*– Não se ele estiver enfermo em estado grave.*

*O coração de Sabrina acelerou quando ouviu aquilo, e, a partir daquele momento, ela já não conseguia mais raciocinar sobre nada. Somente queria ir ao seu encontro.*

*– Tudo bem. Preciso apenas pegar o meu filho.*

– *Fique tranquila. Ele não quer que o filho o veja neste estado e já tratou de mandar alguém a sua casa para cuidar da criança. Venha comigo agora.*

*Sabrina seguiu com o desconhecido. Um estranho frio lhe subia à espinha, mas ela teria que ver o seu amor e saber se ele estava necessitando de auxílio. Naquela quinta-feira, quando o distinto homem chegou até a casa, não encontrou sua doce Sabrina por lá, e, sim, a velha Joana, que cuidava da criança.*

– *O que faz aqui com meu filho? Onde está Sabrina?* – *gritou com a velha.*

– *Acalme-se que estou aqui cuidando do seu filho. Ela me pediu que ficasse aqui, enquanto saía para buscar mantimentos.*

– *Como assim? Ela nunca me deixou esperando, tampouco deixara outra pessoa entrar nesta casa. Acaso está aqui para me ameaçar novamente? Se for isso, pagarás muito caro.*

– *Queria me desculpar pelo jeito como agi com o senhor. Não tinha o direito de tentar tirar proveito da situação. Se estou aqui, cuidando de vosso filho, é para mostrar-lhe que me arrependi do que fiz e jamais ousarei tentar chantagear o senhor. Peço de coração que me desculpe.*

– *Está bem. Devo aguardar a chegada dela?*

– *Sim, por favor, tome um chá, enquanto ela não retorna. Eu mesmo fiz. Só não ofereço nada diferente, pois, como pode notar, não há muita coisa na despensa.*

"Sabrina não deveria deixar a despensa chegar a este nível. Talvez a quantidade de dinheiro que deixo para ela não esteja sendo o suficiente, e ela não teve coragem de me pedir por mais", pensou.

Segurou seu filho no colo e tomou do chá que a velha havia lhe oferecido. Não se passaram muitos segundos até que caísse na cadeira, envenenado pelo líquido tépido. Ao cair da cadeira, desmaiado, soltou a criança que bateu com a cabeça de leve e agora chorava compulsivamente. A velha soltou uma enorme gargalhada de maldade e largou a criança por lá, no chão mesmo. Antes, porém, espalhou pólvora por toda a casa, conforme tinha combinado de fazer. Ao chegar ao local em que Valeri a levara, Sabrina avistou uma pequena casa.

– É ali que ele a espera! – exclamou o homem.

Ao entrar na casa, em vez da figura do amado, ela avistou a figura de Regina, que estava sentada em uma cadeira.

– Mas o que é isso?!

– Isso é você quem vai responder, benzinho...

– Sabes quem sou eu? Pois o meu marido você conhece muito bem...

– O que está acontecendo aqui?

– Nada. Só quis conhecê-la pessoalmente. Ver o que ele viu em você, uma prostituta barata, que deu o golpe nele.

— Eu nunca tive a intenção, simplesmente aconteceu.

— Ah, coitadinha! Não teve a intenção? Mas bem que aproveitou para engravidar dele. Se é que o filho é dele, não é mesmo? Com quantos homens já dormiu? Não deve ter a menor ideia, né? Mas o trouxa assumiu o bastardinho, e aí você tirou a sorte grande, né?

— Não foi nada disso. Eu nunca pedi nada, nunca quis nada. Eu sempre o amei e jamais pedi que ele viesse morar comigo ou algo do tipo. Sabia que ele tinha outra família e que teria de me contentar em ficar em segundo plano. Cuidaria do meu filho sozinha, se fosse preciso, jamais exigiria um centavo. Nunca quis causar nenhum sofrimento, nem a você, nem ao seu marido...

— Ah, coitadinha...! Que história comovente! Pois agora vai aprender a nunca mais se intrometer em uma família. És uma prostituta, né? Tens prazer em estar com qualquer um? Valeri, meu querido, faça o que quiser com ela. Eu quero ver você se aproveitando dela. Se ela resistir, pode matá-la. Faça da maneira mais bruta que conseguir e serás recompensado por isso. Quero assistir a tudo.

Depois de algum tempo nas mãos de Valeri, Sabrina finalmente foi libertada. Agora, volte para sua casa e nunca mais ouse aparecer na minha frente. Suma daqui, sua prostituta. Com as roupas rasgadas e machucada por dentro e por fora, Sabrina fugiu de lá e seguiu cambaleando rumo à sua casa.

— Valeri, meu querido, esqueci de entregar a ela este pacote, que é para que desapareça de vez da minha vida. Preciso que vá até a casa dela e deixe esse pacote lá dentro. Aqui tem algo que fará com que ela acabe com a vida do meu marido e então eu e você poderemos ficar juntos para sempre. Não falei que seria recompensado? Mas, antes de ir, venha aqui. Será que sobrou alguma virilidade aí, hein?

E então os dois ficaram ali durante o tempo suficiente para que Sabrina chegasse em sua casa. Em sua cabeça, pegaria seu filho e fugiria, pois não poderia mais suportar aquela situação. Mas, ao se aproximar da casa, a velha Joana correu em sua direção e disse:

— O que houve com você, Sabrina? Meu Deus! Infelizmente, tenho más notícias. Venha até aqui na sua casa e veja com seus próprios olhos.

Ao chegar lá, ela viu o corpo do seu amado estendido no chão e seu bebê ainda em prantos.

— Mas o que houve aqui? — Sabrina ficou transtornada, e a velha lhe disse:

— Eu vou lhe contar tudo o que vi, mas beba um pouco deste chá para se acalmar.

— Não há como me acalmar! Ele está morto!

— Não está, não! Eu conheço medicina. Venha. Beba só um gole, para se acalmar.

*E Sabrina tomou aquela bebida mortífera, sem saber. Enquanto a velha explicava o que havia acontecido, Sabrina perdeu os sentidos. Então, ela se aproveitou e pegou a criança que estava em seus braços, batendo fortemente em sua cabeça e a deixando desacordada. Com muita dificuldade arrastou os corpos desacordados para outro cômodo da casa. Poucos minutos depois, chegou Valeri. A velha o recepcionou na entrada e pediu que ele entrasse, falando que Sabrina ainda não havia chegado e estava lá esperando por ela. Seguindo à risca o plano arquitetado por Regina, ela ofereceu o chá a Valeri. Valeri bebeu e caiu logo em seguida. Com muito mais esforço do que antes, ela conseguiu arrastar o enorme corpo de Valeri até o mesmo cômodo que os demais. Agora a velha sabia o que deveria fazer. Era só acender uma faísca e colocar na pólvora que havia espalhado pela casa. Antes disso, porém, pegou a caixa que Valeri levou, pois havia sido informada por Regina de que o pagamento estaria em um pacote que ele levaria. Segurando a caixa em suas mãos, ateou fogo na pólvora para queimar a casa e os corpos que lá ficaram. Não contava, porém, que, na caixa, havia uma mistura altamente explosiva, preparada por Regina. Assim, ao atear fogo, a velha Joana, gananciosa, acabou sendo queimada viva junto com os demais que estavam desacordados na casa. O plano maquiavélico de Regina havia dado certo, e ela tinha acabado com qualquer possível testemunha. Para todos, Valeri havia pe-*

*gado o marido de Regina com sua namorada e, em desespero, incendiou a casa matando a todos, inclusive a ele. E tudo sairia perfeito, se não fosse a Justiça Divina. Apesar de ficar com toda a herança do rico mercador, ela jamais teve paz e acabou desencarnando em estado avançado de loucura, após um relacionamento com um homem mais novo que levou tudo o que ela tinha recebido como herança. Chegando ao outro plano, padeceu muito até se reconciliar com a Justiça Divina. Sabrina, por sua vez, recebeu auxílio e, pouco tempo depois, teve uma nova oportunidade de reencarnar junto à criança que recebera como filho. Valeri, após sofrer durante muito tempo, procurando por Regina no Outro Plano e sendo vítima de muitos algozes, que nutriam por ele um desejo de vingança pelas coisas que havia praticado enquanto encarnado, recebeu nova oportunidade de retorno à matéria. Já o rico mercador, após expiar por remorso e culpa por tudo o que aconteceu, e tendo se afastado cada vez mais da Luz, ligando-se a regiões trevosas, também teve a oportunidade de reencarnar. Em sua nova existência, porém, as únicas coisas que buscou foi lutar, guerrear e se vingar. Em uma dessas brigas, acabou sendo morto por um inimigo, que, em outra vida, havia encarnado como Valeri, mais uma vez ligando os destinos desses dois espíritos.*

— Essa história aconteceu há muito tempo, mas alguns dos personagens lhe são familiares. Sabrina é hoje uma das mulheres do Senhor do Trono Sétimo e aquela que permitiu que você ficasse em companhia delas, sem que fosse denunciado ao senhor do trono. Regina, após reparar seus erros, hoje também está ligada àquele trono e é uma das que ali estavam. Consegue perceber como você está ligado a esta história? – perguntou o exu.

– Sim, consigo me ver na pele do mercador, e todas as imagens me parecem muito reais neste momento.

– Sua visão é real. Você era o homem rico, que nunca quis ser guerreiro, e, na vida seguinte, só pensou em se aprimorar na luta, tendo tido como destino morrer na lança de um inimigo. Quero mostrar-lhe, com essa história, que tudo tem uma razão de ser. As mulheres presas ao trono e submetidas ao senhor do trono estão lá por débitos contraídos junto a ele ou a outros ligados àquele trono. Você conseguiu entrar e escapar de lá graças à ligação que tinha com os que ali estavam. Do contrário, não teria conseguido chegar até lá. A velha Joana, hoje em aparência bem mais jovem, está ligada como uma das jovens que orbitam o trono e foi aquela que lhe ensinou os truques de feitiçaria.

- E a criança? O que houve com ela?

- Queria lhe apresentar uma entidade ligada a esse trono. Trata-se de um exu mirim, com o qual teve relação durante um breve espaço de tempo durante a reencarnação que descrevi.

# O exu mirim

À minha frente, estava uma entidade diferente de tudo o que havia visto até então. Sombria, delicada, imponente, misteriosa, esperta e alegre. Esses são alguns dos adjetivos que passaram pela minha cabeça, enquanto observava aquela entidade.

Então, ouvi uma gargalhada estrondosa, e a entidade virou-se para mim.

– Sabes quem sou então? Fui seu filho Zaquel e agora vou guiá-lo em sua nova fase de existência.

Senhor Tranca então se retirou e me deixou na companhia daquela entidade.

– Seja bem-vindo ao reino do senhor Tranca Rua. São sete exus mirins auxiliando o senhor Tranca por aqui. Exus são entidades que conhecem como ninguém o lado sombrio, o lodo, as fraquezas humanas e, ao mesmo tempo, também foram introduzidos nos conhecimentos maiores e nas leis de Nosso Pai, criador. São regidos por Lúcifer, que diferentemente da crença popular não se trata do diabo, que antagoniza o poder de Deus, mas simplesmente do Anjo Negro, aquele que serve às Leis do seu jeito, sendo uma espécie de senhor da justiça e mantendo sob controle legiões e mais legiões de espíritos animalizados que se não temessem seu poder provocariam a desordem em tudo o que tocassem. Sem Lúcifer e sem os exus não haveria equilíbrio. Exus não fazem o mal, só são instrumentos da Lei Divina. Não exigem nada além de compromisso. Não fazem pactos, mas cobram aquilo que lhes é prometido. São as entidades que mais atuam na matéria e em locais sombrios. São poderosos e exercem influência sob as entidades mais animalizadas e que não seguiriam outra entidade que não temessem. Exus não permitem que o mal se espalhe. São temidos, implacáveis com aqueles que ferem as Leis Maiores, mas sabem ser justos. Não interferem no livre-arbítrio dos encarnados e dos espíritos, mas mostram qual o caminho a seguir. Exus mirins auxiliam exus na execução da sua missão. São profundos conhecedores da magia. São maliciosos, o que permite que tenham contato com espíritos ainda muito inferiorizados. São instrumentos da Justiça Divina onde quer que estejam. São alegres, protegem seus filhos e afastam o mal que procura lhes atingir. Auxiliam na missão de médiuns, afastando entidades que buscam atrapalhar a missão, preparam as casas para os trabalhos espirituais, fazendo a limpeza necessária ao bom desenvolvimento do trabalho e guardando o terreiro dos rituais. São rígidos com os compromissos assumidos e incansáveis trabalhadores, que não descansam até que a justiça tenha sido feita. Aqui, neste trono, sou um dos responsáveis por controlar espíritos embrutecidos que cá habitam. Queria convidá-lo a me acompanhar em uma visita por nosso trono.

## O SENHOR DO SÉTIMO TRONO

Ao adentrar o reino do senhor Tranca Rua, fiquei impressionado com a quantidade de entidades em verdadeiro estado de loucura que ali habitavam, algumas delas andando livremente e outras acorrentadas. O exu mirim me esclareceu que se tratava de espíritos ligados ao Mal, que precisam ser mantidos sob vigilância. Todos temiam os exus pela autoridade moral superior que demonstram. Muitos deles ainda estavam ligados ao planeta e anteriormente vampirizavam os encarnados, encostando nestes e tentando assumir o controle de suas vontades para que façam todo tipo de mal. Outros faziam "serviços" mediante o recebimento de pagamentos. Trata-se de amarrações, de trabalhos para prejudicar e se livrar de pessoas, ações de vingança, ligação a trabalhos espirituais menos elevados e sacrifício animal e humano, entre outros. Retirados do local onde perfaziam no Mal, são trazidos para cá e mantidos sob vigilância constante por parte do senhor Tranca e de seus auxiliares. Esses espíritos não têm condição de conviver com outros e só saem daqui raramente, quando recebem nova oportunidade de reencarnação para que possam ser auxiliados no processo de evolução. Quando caem, acabam retornando pra cá, sendo muito comuns os casos de reincidência.

Ao redor, nenhuma paisagem agradável podia ser avistada. O predomínio é de escuridão, lodo e lama. O trono fica no alto, no local mais imponente do reino do senhor exu Tranca Rua. A alimentação é escassa e sempre formada por um caldo grosso e sem um gosto agradável, mas que aparentemente dá àqueles que ali estão a energia de que precisam se nutrir para suas atividades.

Não é possível estabelecer nenhuma comparação direta com cenários da Terra, mas, grosso modo, a aparência geral é de um cenário de guerra. O cenário era assustador, sombrio, não havia luz, o cinza era o que mais se assemelhava ao claro.

O ar era pesado, o que tornava a respiração sempre ofegante. Percebi que não respirava pelo nariz e parecia respirar por todo o corpo, como se trocasse energia com aquele ambiente o tempo todo. O exu mirim retomou a palavra:

— Todos que estão aqui se afinam com este local. Cada espírito tem a capacidade de criar mentalmente seu mundo de acordo com seu estado mental. A dor, a culpa, o medo, a raiva e a maledicência fazem com que esses espíritos se afinem com a sombra, ficando aqui como que em uma prisão mental, não conseguindo libertar-se até que mudem seus pensamentos.

— Posso fazer uma pergunta? — interroguei o exu mirim.

— Certamente. Se me for possível responder, eu o farei.

— Esses espíritos estão condenados a viver para sempre nestas condições? Digo, se não reencarnassem seria assim que viveriam por toda a eternidade?

— Muitos dos que está vendo estão aqui há centenas de anos e talvez permaneçam por outros tantos. Mas sempre há esperança... Alguns espíritos conseguem se reequilibrar minimamente e podem ser conduzidos para outros locais, em que recebem mais esclarecimentos e podem por lá ficar. Mas a quantidade desses é pequena. A maioria fica aqui porque em outro local poderia prejudicar a muitos. Eles ainda têm dentro de si o desejo de fazer o mal, de tirar vantagem, de se entregar a todo tipo de vício e paixão. Se não estivessem aqui, estariam ligados à crosta terrestre e certamente prejudicariam muito a vida no planeta, fazendo com que o Mal imperasse. Mas a sábia Justiça não permite isso. Para habitar um local, o espírito tem que se afinar com ele e isso faz com que sejam separados os muito maus, aqueles que só atrasariam a evolução, daqueles com um pouco mais de entendimento. Posso dizer para você que menos de 5% destes sairão daqui em um tempo razoável e em estado melhor. Os demais ficarão até que tenham a oportunidade de encarnar em algum planeta para que lá tenham a possibilidade de evoluir e não retornar mais à condição em que se encontram. Agora, vou te deixar circulando por aí sozinho para que possa se familiarizar com o ambiente e logo mais trarei mais esclarecimentos.

    Sentia-me intrigado com tudo o que estava aprendendo. Não havia escutado falar em Deus ou deuses, mas em justiça e lei, e sob a qual todos estavam ligados. Nunca acreditei em nada, nem nunca havia perdido tempo pensando se havia algo após a morte ou não. Para mim, bastava o momento, a luta por sobreviver, por ser o mais forte, por conquistas.

    Demorei muito tempo para entender o que aconteceu comigo após a morte. Menos ainda de porque tinha ido parar em um lugar tão tenebroso, muito pior do que qualquer ambiente em que tinha estado antes. Achava que estava condenado ao sofrimento eterno, mas aí aquelas mulheres me mostraram que poderia haver alguma esperança, que algo podia estar destinado para mim. Ao ouvir o relato do Seu Tranca Rua, entendi que já havia vivido outras vezes e que, se estava ali, era porque também tinha aprontado coisas que eram condenáveis segundo a Lei.

De alguma maneira, saber de tudo isso fez com que me tornasse melhor, mais consciente. Continuava com o coração duro, mas já não havia mais ódio. Queria seguir na linha. Não contrair novos problemas com a justiça. Precisava encontrar a paz ainda, mas já havia alguma esperança.

Em meio a meus pensamentos, lembrei novamente daquelas mulheres e, mais especificamente, de Sabrina e Regina. Eu havia feito mal para as duas e para tantas outras pessoas de que me recordava. Mas elas haviam ficado quites com a justiça ao me acolherem e me ensinarem magia. Queria também estar quite com meus opositores, não dever mais nada para ninguém. Justiça é algo que não dá para fugir. Mais cedo ou tarde, ela o pega para ajustar as contas. Seja em uma vida ou em outra, passe o tempo que passar. Esses últimos tempos fizeram com que eu passasse a temê-la. Era devedor e sabia que a conta um dia viria. Pela primeira vez, sentia-me mais humilde, não poderia enfrentar todos e derrotá-los, não seria o mais forte de todos, não venceria pela lança ou pela força, não conseguiria amedrontar ninguém, não poderia desafiar o criador tomando-me como mais poderoso que ele... A Lei era a mesma para mim e para todos, e a justiça é implacável.

# Conselhos do senhor Tranca

O funcionamento da Lei passou a ficar muito claro para mim. Mas ainda não sabia como me encaixaria naquele lugar. Desde que desencarnei, senti-me um verdadeiro estranho no ninho. Sofri muito, todo tipo de golpe, e entendi de uma vez por todas que tudo que se faz, se paga, e que não há como se esconder deste lado. Porém, restava a resposta para a grande questão: o que deveria fazer lá para estar em conformidade com a Lei? Sabia que se não fizesse o mal não adquiriria novos débitos, e isso fazia todo o sentido. Mas acreditava que não deveria ser só isso. O fato de não fazer nada me tornava alguém completamente inútil e agora que não estava mais preocupado em me vingar dos opositores ou de sobreviver à perseguição de inimigos, sentia que era um completo inútil.

Somado a isso, a dificuldade em entender por que havia sido recebido no reino do senhor Tranca, por que havia sido enviado em missão ao Sétimo Reino, e, no meu retorno, ninguém parecia se importar com nada que havia descoberto. Da mesma maneira, não consegui entender o porquê de o senhor do Sétimo Trono ter sumido enquanto eu estava lá, a saída dele com grande parte do seu exército, a história de que atacaria o trono do exu Tranca Rua, e o porquê de não ter retornado para lá. Eram muitas perguntas para nenhuma resposta. Queria muito perguntar isso para o senhor Tranca ou para o exu mirim, mas meu medo de fazer algo errado, de ser expulso dali ou punido ainda era grande. Não conseguia me sentir entre amigos, se é que me entendem...

Andava pelo reino, parecendo um choramingas, perdido em pensamentos, quando o exu mirim se aproximou de mim dizendo que o senhor Tranca gostaria de me ver. Fui então conduzido até o seu trono, e senhor Tranca, ao me ver, exclamou:

– Venha até aqui. Vejo que pensaste na história que lhe contei e começa a entender o funcionamento da justiça.

– Sim, senhor Tranca. Agora estou mais esclarecido quanto a isso.

– Fico satisfeito e vejo que ainda busca respostas para outras perguntas. Sim, posso ler seus pensamentos, sabes que em meu reino ninguém consegue me esconder nada...

– Sim, senhor Tranca.

– Não se assuste. Peço que ouça atentamente cada um dos conselhos que lhe darei a partir de agora. São conselhos preciosos e precisos, que o ajudarão a ter êxito em qualquer lugar que esteja:

*Não faça o mal a quem quer que seja.*
*Não julgue a quem quer que seja.*
*Não abandone ninguém a sua própria sorte.*

*Não pactue com a mentira.*

*Não entre em locais desconhecidos, pois não sabes quais inimigos lá se escondem.*

*Não aceite pedidos que não tenham como raiz o bem de outro.*

*Não deixe que interesses particulares interfiram no seu juízo de valor.*

*Não se ache melhor do que ninguém.*

*Não acredite no que a boca fala, mas, sim, no que o coração sente.*

*Não seja curioso demais. Respeite o que os outros querem lhe contar.*

*Não aceite presentes que não sejam de coração.*

*Não fale em nome de outro e nem se passe por outros.*

*Não confie em quem não é sincero.*

*Não se perca em paixões.*

*Não se lamente pelo que não aconteceu ou pelo que aconteceu.*

Ouvi todos os conselhos do Seu Tranca e tentava gravá-los em minha memória para que jamais esquecesse de algum deles, pois me pareciam muito sábios.

– Quer saber por que foi enviado ao Sétimo Reino, não é? Todas as respostas virão a seu tempo. Não seja curioso demais, é uma das advertências que passei.

Antes que pudesse dizer algo, o senhor Tranca virou-se para mim e falou:

– Amanhã partirás daqui junto com exu mirim. Irão visitar um velho conhecido meu que tem muito a lhe ensinar. Estás começando a entrar no caminho certo, mas o êxito estará nas suas mãos. Não se precipite, pois as respostas às suas perguntas virão no seu devido tempo.

# Em busca de respostas

Sem saber o que me aguardava, parti rumo a um novo trono, que segundo o Exu mirim era controlado por um feiticeiro muito astuto. Esse feiticeiro era um velho conhecido do senhor Tranca e certamente nos receberia em seus domínios por favores que devia ao exu.

Andar no lodo nunca é fácil. A escuridão cortada por raios que mais assustam do que clareiam só piora a sensação de pavor. Entidades de todo tipo rastejam pelo lodo e é preciso demonstrar sempre muita força para não ser atacado por uma delas.

Já se contavam horas de caminhada e percebi que sentia muito mais a longa viagem do que o exu mirim, que era indiferente a todo o ambiente, dando a impressão de que aquilo para ele era algo extremamente normal. Também pude perceber que, diferentemente de mim, que era esbarrado por entidades durante todo o trajeto, ninguém encostava no exu mirim. Vi, por vezes, muitas entidades buscarem se desviar do exu mirim para não encostar nele. Após muito tempo, não me aguentei de curiosidade e resolvi lhe perguntar:

– Exu-mirim, por que as entidades esbarram sempre em mim e, no seu caso, vejo que elas fazem de tudo para desviar e não lhe importunar?

— Estranhei que passaste tanto tempo confabulando sobre isso e não houvesse me perguntado ainda – disse gargalhando o exu mirim.

— Eu me esqueci que lia meus pensamentos – respondi envergonhado.

— Saibas que a moral e a correção trazem autoridade em qualquer lugar que estejas. Mesmo aqui, entre espíritos caídos que em outras vidas no planeta foram assassinos, estupradores, suicidas, a autoridade moral é respeitada. Ninguém ousa desafiar um exu, pois todos sabem da autoridade moral dos exus, de como são devotados à aplicação da justiça, do poder que têm e que lhes foi concedido pela autoridade que desenvolveram, aliada ao conhecimento acumulado.

— Mas como podem reconhecer vossa autoridade moral se vossa imagem aqui nas Trevas se confunde com a de muitos outros que aqui estão.

— Aqui tudo é energia. Se for alguém que deve para a justiça, ao se aproximar de ti, a entidade reconhecerá em você um igual e poderá te atacar. Se, ao contrário, sentir que a sua vibração é maior, não ousará chegar perto, pois sabe que o poder de uma entidade é proporcional a sua autoridade moral. Exus são entidades que poderiam ter tanta luz que ofuscaria a visão de muitos que aqui estão, mas preferem apagar sua luz e buscar o anonimato para que possam agir onde nenhuma outra entidade ousa agir, atuando nos piores casos e junto a entidades embrutecidas e que vivem no mal. Exus são a prova de que o Criador nunca abandona ninguém, que todos, por mais mal que já tiverem feito, seja por ignorância, seja por maldade, terão um dia uma nova oportunidade.

– Exus fazem o mal também, agindo como justiceiros? – perguntei, não sei por que e já temendo a resposta que receberia.

– Por acaso lhe fizemos algum mal desde que chegaste aqui? Lembra-te, por acaso, de quantos morreram por tua espada enquanto em vida? Lembra-te da encarnação que lhe foi revelada por meio do senhor Tranca? És um devedor da Lei, e nem por isso lhe fizemos justiça. Muito pelo contrário, lhe demos acesso ao conhecimento para que tivesse uma oportunidade.

– Tens razão e me envergonho pela pergunta que fiz. Sem dúvida, compreendo que não tinha merecimento algum para que me recebessem dessa maneira. E também compreendo que foram os primeiros a me estenderem a mão aqui. Sinto muito pela pergunta, mas a minha ignorância estava vendo a sua imagem como a de um cobrador de tributos que saía pelas Trevas cobrando as dívidas em nome do Criador.

– Não precisa se desculpar. Só peço que observe mais e use sua inteligência para tirar conclusões mais sábias. Um espírito sem sabedoria é um tolo. Um tolo não evolui, não caminha, não vê luz, só se afunda no lodo. Somos mensageiros da oportunidade. Quando *cobramos*, já que quer usar essa palavra, estamos, na verdade, dando oportunidade de remissão para entidades afundadas na lama. A totalidade dos espíritos que você vê aqui são devedores afundados na lama e entendem de algum modo que só conseguirão conviver com o sentimento de culpa se expiarem por todo o mal que fizeram. Nós somos porta-vozes do interior de cada um que aqui está. Trazemos aquilo que cada um busca. Se busca a remissão pelo chicote, mostramos como ter acesso a ele, mas não por algum prazer que isso nos gere, tampouco para atuar como justiceiros. Fazemos isso, outrossim, para dar a oportunidade de que, quando se sentirem quites com a Justiça Maior, esses espíritos possam ver algo a mais do que o lodo, saindo da lama e retomando o caminho de evolução, podendo ir para outros locais afinados com o novo grau de consciência que alcançaram.

– Nunca tinha visto as coisas desta maneira e, enquanto falava, não pude deixar de pensar no meu caso e por que recebi esclarecimentos enquanto a dor me provocava ainda alguma espécie de anestesia ante a tudo o que acontecia ao meu redor.

– Nada acontece sem que a justiça seja aplicada. Aquele espírito feminino que tramou sua morte em outra existência se sentia muito culpado pelo que havia feito e quando se elevou intercedeu em vosso favor. Somado a isso, nosso senhor exu Tranca Rua percebeu em você um senso de justiça. Antes de blasfemar pela vossa má sorte, ele percebeu que aceitava tudo o que lhe era oferecido em ataques de todo tipo e buscava somente ser atingido da menor maneira possível.

– Isso lhe fez merecedor de nossos esclarecimentos, ainda que algumas coisas ainda não lhe possam ser reveladas agora. Mas tudo a seu tempo...

# No trono do feiticeiro

Tempo é algo do qual perdemos claramente a noção neste lugar. Não sei se andamos horas, dias ou semanas, mas sei que chegamos e lembro claramente de o quanto fiquei impressionado com a imponência daquele lugar. Um castelo diferente de tudo o que já havia visto, uma construção enorme, suntuosa, cercada por muralhas altíssimas, e tudo isso no meio da zona mais escura que já havia visto naquele lugar. Grosso modo, era como uma fonte de água no meio do deserto, ou seja, algo totalmente inesperado.

Entramos, e o exu mirim me apresentou a um mago. Foi o primeiro mago que conheci na Espiritualidade. Quando o vi, identifiquei rapidamente a figura que me lembrava a de um bruxo, um ser místico. O exu mirim fez a apresentação.

— Esse é o nosso grande Mago Sete Estrelas. Foi professor de magia de muitos exus e outras entidades que servem à Justiça Maior. Muitos dos feitiços usados por diferentes exus foram aprendidos nestas terras.

— Sejam bem-vindos aos meus domínios. Espero que possa lhes servir com meus conhecimentos.

– Caro amigo, obrigado por nos receber aqui. Passaremos alguns dias em suas terras para que possamos privar de vosso conhecimento e ensinamentos.

– Estou às ordens de enviados do meu amigo, o senhor Tranca, um dos mais aplicados alunos que aqui tive.

Pude ouvir nessa hora uma sonora gargalhada proferida pelo mago e aproveitei a distração para observá-lo rapidamente e perceber um brilho diferente em seu olhar. Porém, meu devaneio foi rapidamente interrompido por sua voz clara e forte.

– Antes de começarmos, preciso passar as minhas regras, as quais devem ser seguidas em absoluto, sob pena de serem expulsos de meu reino ou até sofrerem privações piores.

– Sim, senhor Mago Sete Estrelas. Estamos aqui dispostos a seguir tudo o que ordenar.

– Muito bem! Em linhas gerais, os conselhos e mandamentos que todo iniciado deve seguir neste reino são:

*Primeiro. Nem tudo o que virem é real.*

*Segundo. Não acreditem em tudo o que lhes for dito ou mostrado.*

*Terceiro. Sigam a intuição para separar o que é real do que é mistificado.*

*Quarto. Serão tentados a mostrar seu pior lado. Se assim o fizerem, estarão fora.*

*Quinto. Serão tentados a desistir.*

*Sexto. Nenhum conhecimento que já tiveram será de alguma utilidade aqui.*

*Sétimo. Aquele que faz o mal é mau. Não acreditem que poderão converter alguém apenas pela palavra.*

*Oitavo. A força não serve de nada. O conhecimento é a fonte de poder, mas de perdição também.*

*Nono. O ensinamento lhes será apresentado, mas contarão somente com vocês mesmos para usá-lo. Não adiantará pedir ajudar a outrem, até porque não saberão em quem confiar.*

*Décimo. A partir de agora serão separados. Cada um deve seguir um caminho, pois o conhecimento será passado de diferentes maneiras de acordo com a necessidade de cada um.*

– Estão de acordo?

Antes que respondêssemos, ele se adiantou:

– Pensem bem antes de responder. Devo alertar que muitos que aqui estiveram saíram em estado lastimável de loucura e, muitas vezes, não encontraram mais seu caminho, tendo passado a eternidade envoltos a magias que em nada representam a realidade. Se tornaram espíritos perdidos, loucos, e privados por si mesmos do convívio com os outros.

Confesso que me assustei com as advertências e percebi, com certo receio, a seriedade do que faríamos lá. Como o exu mirim só observava, adiantei-me.

– Concordo, pois pelo que aprendi até agora tudo tem uma razão de ser, então se o meu destino for viver na loucura, eu o aceitarei. Estou de acordo.

– Eu também estou de acordo, nobre Mago Sete Estrelas – disse o exu mirim, com um enigmático sorriso no rosto.

– Agora cada um será levado para seu quarto para que possam repousar após a longa viagem, mas advirto que a partir deste momento a preparação de seus espíritos já começou, e, durante o repouso, já estarão envolvidos em situações para lhes colocar à prova. A duração de sua preparação será determinada por mim e por meus assistentes. Assim, quando eu disser que está terminado, estará. Enquanto isso, não terão mais o direito a desistir. Boa sorte, senhores!

# Escolhas

A sensação de estar sozinho começou a me assustar. Percebi que muito da coragem que tive até ali vinha da presença do senhor exu mirim ao meu lado. Agora estava só, temendo as provas que viriam e sentindo calafrios. Tentei fechar meus olhos e descansar, mas a sensação de estar sendo observado era cada vez maior e me arrepiava por completo. Abri os olhos e me deparei com uma entidade imponente, sombria e amedrontadora que me observava, apontando uma lança em minha direção.

Antes que pudesse dizer algo, ouvi um barulho estrondoso próximo a mim. Olhei ao redor e não identifiquei exatamente de onde veio, mas se já estava com medo da entidade que me olhava fixamente, imagine agora com esse barulho.

Não sabia o que fazer e, mais uma vez, tentei permanecer de olhos fechados, mas agora percebi que quando fechava os olhos não via somente uma entidade, mas dezenas delas todas em posição de ataque.

Não me recordo de ter sentido tanto medo na vida. Estava com dificuldade para respirar e busquei me levantar, caminhei em direção contrária àquela entidade que me olhava. Porém, dei um passo em falso e caí em um buraco muito profundo. Fui descendo buraco abaixo tentando me segurar em algo, mas nada fazia com que eu parasse. A sensação de estar em queda livre me deixou em pânico, até que senti meus pés molharem e, em pouco tempo, estava completamente imerso no lodo movediço.

Sentia-me sufocar, como se apertassem minha garganta e não permitissem que respirasse. Se não bastasse isso, sentia meus pés serem puxados por algo que não conseguia identificar.

Busquei forças para tentar nadar em meio ao lodo e colocar a cabeça para fora. Fazendo um esforço descomunal consegui sair do lodo e pisar em terra firme. Estava de pé e logo avistei novamente aquela entidade soturna, enigmática e sombria que só me olhava.

O medo era indescritível, como se fosse ser punido por tudo o que já havia feito. A entidade se parecia com um juiz implacável. Ou melhor, com um capataz, meu algoz. Eu estava condenado, e ele estava ali para fazer cumprir minha sentença.

De repente, tudo fez sentido para mim. Como havia sido ingênuo? Claramente o senhor exu Tranca Rua havia me enviado para lá a fim de que recebesse a punição por todo Mal que já havia causado. Os exus são executores da Justiça Maior. Como poderia esperar outra coisa senão que fizessem cumprir a justiça? Eu havia sido estúpido. Em nenhum momento, havia questionado o porquê do tratamento diferenciado que estava recebendo do senhor Exu Tranca Rua, mesmo sem achar que merecia. Via os exus sendo implacáveis com alguns e comigo estavam sendo muito amigáveis. Como pude...

Não concluí minha frase e fui interrompido pela entidade que ali estava e vociferava em minha direção.

– A justiça chegou. Agora sentirá a dor da minha lança. Sofrimento é pouco pelo que lhe aguarda. Sentirás arrependimento por não ter buscado outra forma mais digna de punição. Arderás em chamas por toda a eternidade. Sou aquele a quem chama de Lucífer, o senhor das Trevas, e aquele que é o maior executor das sentenças. Há algo que queira dizer em sua defesa ou dignamente aceitarás vosso destino de sofrimento e horror?

Gaguejei e tive muita dificuldade para pronunciar algo minimamente audível. Caí aos pés da entidade e implorei por piedade.

– Por tudo o que é mais sagrado, me perdoe. Eu faço tudo o que quiser, mas não me puna. Estou aprendendo desde que aqui cheguei e sei que se tiver uma oportunidade posso ser uma pessoa melhor.

– Estás disposto a me servir? – perguntou a entidade, acompanhando com uma sombria gargalhada.

– Sim, faço tudo o que quiser.

– Pois bem. Terás que fazer um pacto comigo e serei para sempre seu senhor. Não terás nunca mais outro senhor e me deverás obediência incondicional para toda a eternidade. Não haverá nada que não faças por mim e, por sua lealdade, serás agraciado com todo tipo de riqueza, mulheres e poder. Ao terminar sua preparação com o velho mago usarás todo o aprendizado que recebeu para destruir o exu mirim que o acompanhou até aqui e logo depois o senhor exu Tranca Rua que comanda o trono do qual foi enviado. Afinal de contas, foi ele que te enviou até uma armadilha para que fosse punido pelos atos que praticou. Temos um acordo ou vais pretender arder no fogo eterno? Não tenho tempo a perder. Se não concordar, começarei a partir de agora a executar a punição.

Estava tomado de pânico e medo, sem saber o que fazer. Se por um lado achava que deveria aceitar o acordo e me safar da punição, por outro, era difícil acreditar que os exus não eram nada do que havia escutado e de que eram, na realidade, entidades dissimuladas, ruins, que praticavam o mal, travestidos de justiceiros.

– Seu tempo acabou. O que me diz? Temos um acordo?

Exausto, tomado pelo pânico e tensão, olhei para a entidade e disse:

– Faça tudo o que quiser comigo. Estou pronto para ser punido por tudo o que fiz, mas não poderei trair mais ninguém, tampouco adquirir novos débitos. Antes tinha a bênção da ignorância, mas agora penso ter sido esclarecido e tudo o que fizer terá peso multiplicado. Não conseguirei conviver com essa culpa, mas estou pronto para viver a eternidade açoitado por vossos castigos.

Após dizer isso, ajoelhei-me e caí em prantos.

– Tolo, estúpido, fizestes a escolha errada, e o tempo te mostrará.

A entidade então se virou de costas e desapareceu sem que eu conseguisse seguir seu rastro com o olhar. Fiquei sem saber se seria punido ou não. Acreditava que em pouco tempo receberia o castigo, mas naquele momento só consegui deitar em meio à lama e fechar meus olhos. Estava exausto e felizmente não vi mais nada quando cerrei os olhos.

Mas, nas Trevas, o sono repousante e reparador não existe. Pouco tempo após me deitar fui acordado com gritos de uma entidade com um tridente na mão. Dissera que havia sido condenado e me levaria dali naquele momento.

Totalmente amedrontado, senti um frio na espinha ao olhar para aquela entidade. Não tinha como resistir e rapidamente estava em pé, sendo empurrado por um tridente nas minhas contas. Já imaginava que fosse um auxiliar de Lúcifer que me levaria até o local do meu castigo, onde minhas provações aconteceriam por toda a eternidade.

Não via como escapar dali e seguia o caminho guiado pelo tridente nas minhas costas. Após alguns minutos de tortuosa caminhada, paramos. Em pouco tempo, percebi-me em uma roda cercada por muitos rostos em volta de mim. Todos os rostos tinham algo familiar e até consegui identificar alguns deles de minha última encarnação. Vi familiares e também inimigos que havia matado e, ao centro, aquele que havia me atravessado com uma lança, meu maior inimigo e que me matou da maneira mais traiçoeira possível. Ouvi então a terrível entidade que me levou até lá:

— Chegou o momento da sua punição. Todas as entidades que aqui estão poderão acompanhar seu sofrimento e, ao serem questionadas, até agora nenhuma delas intercedeu por vós. Porém, tu agora podes escolher uma delas para receber as punições em vosso lugar. A justiça lhe permite isso, já que todas as entidades que aqui estão têm alguma dívida com vós. Caso queira, lhe é dado a oportunidade derradeira de colocar alguém em vosso lugar, basta apontar para o espírito, e ele tomará vosso lugar.

Pensei por alguns instantes na generosa oferta e também na possibilidade de escapar do meu destino. Por fim, respondi:

— Por mais que queira escapar dos desígnios, privações e sofrimentos que me aguardam, não consigo colocar outra pessoa no meu lugar. Não agora, depois de tudo o que aprendi nos últimos tempos. Que a cada um seja dado conforme suas obras. Se fiz, que seja punido. Se outro fez, que o seja, mas não sou eu quem tem que sujar as mãos buscando punir quem quer que seja. Não quero o mal de ninguém, quero que cada um receba de acordo com o seu merecimento. No meu caso, sinto-me devedor e estou pronto para o sofrimento que está por vir.

— Tu és tolo mais uma vez! Recusou uma proposta muito justa e agora receberá toda a punição. Saiba que alguns dos que aqui estão a sua volta aceitaram nossa oferta de o colocar no lugar e é justamente por isso que estais aqui. Ainda assim, vais libertar aqueles que vos condenaram?

Ouvi uma sombria gargalhada que me arrepiou profundamente.

– Sim, minhas mãos já se sujaram muito e agora não mais serão motivo de dor para os outros. Faça o que tem que fazer comigo, *"e a cada um será dado segundo vosso merecimento"*.

No exato momento em que proferi essas palavras, um raio foi lançado até onde estava, e o solo ao meu redor começou a desmoronar. Tudo ao meu redor desabou, e somente a terra que pisava ficou firme.

Estava completamente isolado e sozinho naquele pequeno pedaço de terra. Em volta de mim, tempestades de raios que não me permitiam mais avistar nenhuma entidade.

Passei muito tempo sentado, talvez dias... Tempo é uma coisa muito difícil de contar aqui nas Trevas. O abismo em volta de mim era muito grande para que ousasse tentar sair dali pulando para transpô-lo. Não conseguia mais avistar pedaço algum de terra firme ao meu redor e pensei por vezes em me atirar no abismo e cumprir meu destino, pois aquele isolamento estava sendo tortura demasiada. O ar extremamente denso dificultava demais qualquer tentativa de respirar, e me sentia cada vez mais fraco.

Quando as forças pareciam me faltar, lembrei das mulheres que havia encontrado no Sétimo Trono e das feitiçarias que elas me ensinaram. Fechei os olhos e pela primeira vez pedi com vontade que algo acontecesse para me ajudar. Ao abrir os olhos, senti uma mão estendida para mim e a segurei com força. Fui puxado para fora daquele pedaço de terra e percebi que o abismo era somente uma ilusão e que o solo ao meu redor continuava ali, porém deslizei até um lago e, em pouco tempo, me senti completamente submerso.

Abri os olhos e não mais visualizei uma das entidades femininas que sentia, e sim milhares de seres que se acotovelavam embaixo daquela água. Tentei escapar, mas alguns deles me puxavam cada vez mais para o fundo. Prendia a respiração para não me afogar e tentava bater braços e pernas para escapar. Aos poucos, fui perdendo minhas forças e senti que estava para desmaiar. Vi então a imagem do senhor Mago Sete Estrelas que me disse:

– Só aquilo que acredita acontece. Sem a crença não há nada que se realize.

O que aquela frase queria me dizer? Estava confuso, fraco, com medo, me afogando, sem ar, e ainda tentava responder mentalmente à charada do mago. *No que eu acreditava?*, interroguei-me.

E a resposta que consegui dar foi que acreditava na justiça e no poder da Luz.

– No que mais acredita? – ouvi a voz do mago me questionar.

Não conseguia pensar ou responder mais nada. Talvez não soubesse mais no que acreditar, e não conseguia atinar o que era verdade e o que era ilusão. Tudo era parte da realidade que havia criado para mim.

– Você só conseguirá criar aquilo que acredita.

Ouvi mais uma vez a voz do mago que parecia querer me dar peças para que eu montasse o quebra-cabeça. Mas estava muito difícil me concentrar nos meus pensamentos, enquanto era pisado, chutado e afogado por entidades pavorosas. Não conseguia atinar como sairia de lá e, por vezes, pensava que ali seria meu inferno. Estava imerso em uma espécie de água fétida e densa, que mais se assemelhava a um óleo ou lodo. A única esperança era aquela voz na minha mente que, de tempos em tempos, dizia uma frase, fazendo com que por segundos me concentrasse. Foi só depois de muito tempo que lembrei das advertências sobre distinguir o que é verdade do que é mentira e, por alguns instantes, me questionei se aquilo era verdade ou criação da minha mente.

– Se isso é verdade, é porque acredito nela – exclamei por fim! – Pois bem, não mais acredito nisso. Não mais me sinto submerso no lodo. Me sinto forte, me sinto lutando, me sinto vencendo.

Falei tudo isso mentalmente com olhos fechados e buscando visualizar cada palavra. Ao abrir os olhos, para meu espanto, estava fora do lodo e sem a sensação de estar imerso. Avistei então a figura do grande mago que me disse:

– Muito bem. Você superou a primeira etapa e, dela, deve anotar os seguintes ensinamentos dos Grandes Magos Celestiais em seus cursos de magia:

*A magia só pega em alguém se ele acreditar que isso é possível. Quem não acredita no poder da magia, não é atingido por ela. Por outro lado, quem acredita no seu poder é presa fácil para as magias enviadas.*

*Aquele que é sábio nas decisões, mesmo envolvido pela magia, conseguirá escapar dela. Por sabedoria entende-se não querer pagar o mal com o mal, sabendo perdoar ou, ao menos, deixando que a justiça atue sem querer influenciá-la.*

*Com a justiça, não se faz barganha. Quem oferece algo em troca de receber outra coisa, perderá o que tem e não receberá o que almeja.*

*Só será afetado por uma magia aquele que acreditar nela, temê-la e for devedor. Sem esses três ingredientes, não haverá nada que o afete.*

*Sem o pensamento reto, o ser ficará suscetível de ser influenciado por processos de magia.*

*Para quebrar uma magia é necessário conhecimento, desejo real e merecimento.*

*Aquele que enviar uma magia ou trabalho para outro passará a ser responsável diretamente por todas as consequências do que for enviado.*

*Entidades sérias não fazem magia para prejudicar o outro.*

*Entidades esclarecidas usam a magia para alertar, educar e desmanchar trabalhos feitos por entidades menos esclarecidas.*

*Entidades mais elevadas não precisam pedir nada em troca a não ser o comportamento reto daquele que solicitou auxílio. Se algo é pedido, é somente para que o pedinte não deixe de agradecer e demonstrar que sabe que a graça foi alcançada por meio do auxílio da entidade, e não somente por mérito próprio.*

*Tudo está na mente. Ela cria o Bem e o Mal. Por isso, é preciso vigiar os pensamentos para que eles não sejam projetores do Mal, e sim disseminadores de energias poderosas para o Bem.*

*Toda vez que tentar usar a magia para prejudicar o outro, o resultado desta é incerto, mas sempre que usá-la para se proteger, para proteger alguém próximo ou para o bem coletivo, esta resultará no que for desejado inicialmente.*

*Os objetos usados nos trabalhos de magia são apenas para aglutinar os pensamentos enviados, funcionando como depositários de pensamentos bons ou ruins. Esses objetos não são mágicos, não são amuletos e sempre podem ser substituídos por outros.*

*Todo trabalho feito não é obra individual, precisando sempre do envolvimento de mais entidades para que tenha êxito.*

*Nunca esqueça de que algo só acontece por merecimento de quem recebe (sem isso, não haverá a concretização do trabalho feito). Aquele que promete resultados está somente enganando aquele que acredita nisso.*

*Vigie os pensamentos e não será vítima de magias.*
*Deseje o bem e receberá o Bem.*
*Pense o mal e receberás o Mal.*
*Use o conhecimento com responsabilidade.*

— Agora peço que descanse. Sei que tem muitas perguntas ainda, mas tudo a seu tempo. Por ora, medite nos conhecimentos recebidos.

# Razão e Loucura

Sabia que algo estava mudando dentro de mim. Havia deixado para trás aquele eu antigo, um guerreiro, alguém que só pensava em si. Tinha passado por dois testes, nos quais aceitei a minha responsabilidade e não compartilhei a culpa com o outro, nem pensei em prejudicá-lo. Mas não entendia ainda o que estava mudando, ou melhor, no que estava me tornando.

Aprendera a manipular energia de qualquer elemento semimaterial e, com ela, eu mantinha meus inimigos a distância. Havia aprendido a trabalhar a minha mente para manter o foco, havia criado um senso de justiça, do que é certo e do que é errado. Mas não tinha ideia para onde aquelas novas ideias e pensamentos iriam me levar.

Estava no reino de um poderoso mago que não sabia se estava me ensinando ou simplesmente me testando. Queria aprender mais, mas não sabia ainda para que. Pensamentos e mais pensamentos me absorviam, enquanto olhava o infinito denso, cinza e sombrio.

Percebi nuvens negras se movimentando e pude avistar entre elas criaturas voadoras gigantes e amedrontadoras. Ao fixar o olhar e o pensamento nelas, de alguma maneira eu as atrai até o meu encontro. Em pouco tempo, estava cercado por quatro delas, que vociferavam para mim:

– É hora de vir com a gente. Vamos levá-lo daqui. Deve nos seguir e se juntar a nós. Ensinaremos você a voar e se tornará um de nós. Destruiremos tudo o que acreditou até agora para que possa servir ao nosso Mestre. Conosco não terá mais o que temer, pois todos passarão a temê-lo.

– E se decidir não ir?

– Achas mesmo que tens opção? Que não é seu destino transformar-se em uma criatura como nós? Achas por acaso que nunca tivemos a forma humana? Veja no que nos transformamos e saberás o seu destino.

E tomado pelas quatro criaturas fui retirado do chão e levado para o Alto, sentindo um enorme medo. Carregado por aquelas criaturas fui levado até o topo de um vulcão que expelia lava muito negra. Colocado na beirada do vulcão podia sentir o calor das lavas que atingiam meu corpo fazendo arder muito e provocando gritos de sofrimento.

- O sofrimento purifica, grite muito! – ouvi umas das criaturas dizer para mim.

Sem que pudesse me defender, fui empurrado para dentro da boca do vulcão, caindo nas lavas quentes que ali estavam.

A dor foi indescritível. Nada do que havia passado se comparava àquilo que sentia, pois todo o meu corpo ardia em chamas. Ouvi somente uma sonora gargalhada proferida por uma daquelas criaturas.

Nesse momento, olhei para a criatura que olhava em êxtase a minha destruição e me lembrei de alguns conselhos dados pelo grande mago; resolvi usá-los acreditando que aquilo só existiria se acreditasse. Pensei com muita convicção que em vez de brasa eu estava envolto por água. E, para minha surpresa, a temperatura diminuiu e logo me vi em um grande lago.

As criaturas também foram desfeitas na minha mente e se tornaram imagens humanas bem mais frágeis do que outrora. Havia controlado a situação e agora sabia como usar o poder da mente e da magia para controlar o mundo ao meu redor.

Lembrei do reino do grande mago e, em pouco tempo, estava lá novamente. Chamei pelo exu mirim, e ele apareceu.

– Ajude-me, exu mirim, a entender o que se passa comigo. Estou ficando louco ou a realidade é muito diferente do que imaginava?

– Você constrói a sua realidade. Pensamentos bons ou maus, justos ou impróprios, forjam o que vê ao seu redor. Tudo sai primeiro da sua mente e depois ganha forma. Agora você seguirá comigo por um local onde vai poder entender melhor o que está perguntando.

Em pouco tempo, estávamos em um lugar diferente dentro do reino do Mago Sete Estrelas. Chegamos a uma espécie de calabouço, e, lá embaixo, pude avistar formas das mais transtornadas que já tinha encontrado desde meu desencarne. Ouvia gritos de pavor e via seres que claramente estavam apavorados.

– Observe esses espíritos – disse o exu mirim. – Imagina por que eles estão presos?

Antes que tentasse responder, ele continuou:

– Venha. Vamos entrar no calabouço.

Passando pelas grades, entramos e logo fomos cercados por entidades que estavam apavoradas com nossa presença. Gritavam em nossa direção, faziam gestos de que iam nos atacar, mas percebi rapidamente que só queriam nos amedrontar para que não nos aproximássemos delas. Tinham verdadeiramente muito medo de nós.

– O que está acontecendo aqui? – não me aguentei e questionei o exu mirim.

– Esses seres estão tão mentalmente doentes e desequilibrados que se aprisionam por vontade própria. Têm medo de tudo o que está fora destas grades. Suas mentes criam o tempo todo situações que lhes amedrontam. Não conseguem ter contato com outras entidades e ficam reclusos aqui. Sua mente os assombra. Não conseguiram se livrar de traumas profundos que marcaram suas almas e agora são escravos do medo.

– O que aconteceria se fossem colocados no convívio com os demais? Não perderiam o medo depois de algum tempo? – perguntei.

– Não é tão simples assim. A mente tem poder de criar a realidade na qual o espírito vai viver. Uma mente atormentada não tem como não criar um ambiente atormentado, de pavor. Esses espíritos são atormentados por fantasmas criados por eles mesmos. São seres que não conseguem ter um segundo de paz, vivendo o tempo todo na guerra e no medo. Está vendo aquele espírito ali? – disse, apontando para um dos espíritos que ali se encontravam. – Venha, vamos observá-lo mais de perto. Vou abrir um portal junto a sua mente para que possamos ver como ele era.

E eu vi. E me impressionei demais. Era um homem aparentemente normal, uma fisionomia séria, cabelos castanhos, bigode, vestido com uma espécie de jaleco branco. Parecia exercer a medicina. Percebi que ele estava tendo um diálogo com uma distinta senhora que estava acompanhada de sua filha:

– Precisamos de seus préstimos. Minha filha está prometida em casamento para um distinto senhor da nossa sociedade, mas acabou cedendo ao típico impulso da juventude e engravidou de um moleque sem lastro algum. Queremos que tire essa criança da barriga dela antes que alguém da sociedade perceba e ela perca seu casamento. Nesse caso, eu mesmo tratarei de matá-la – disse já completamente transtornada.

– Tiraremos a criança e ninguém jamais saberá de algo. Peço que aguarde aqui enquanto entraremos naquela sala e faremos o procedimento. É tudo muito rápido, pode ficar tranquila.

O que se seguiu dali foram só gritos de horror, enquanto a criança era abortada de uma maneira muito primitiva. Após algum tempo, o "médico" apareceu com um sorriso no rosto, enquanto a jovem ensanguentada e envolta em dor saía da sala.

– Mais um para a conta! Não falei que poderia contar comigo! – exclamou o jovem "médico".

– Pois bem, agora é só acertar o devido.

– Certamente. O senhor tirou um peso de nossas costas e será devidamente recompensado por isso.

Após a senhora se retirar, ele chamou a próxima paciente e a carnificina seguiu o mesmo *script*.

– Este homem, aparentemente um distinto médico, foi um dos maiores matadores de seu tempo. Pelas suas mãos, mais de mil vidas foram ceifadas. Atuando como especialista em aborto, ele tirou de muitos espíritos a possibilidade de reencarnar e terem uma nova oportunidade, isso sem falar nas dezenas de mulheres que morreram durante o procedimento, que na época usava instrumentos rudes e cruéis para praticar o aborto – comentou o exu mirim. Após desencarnar, ele foi recebido do outro lado por centenas de espíritos que, revoltados por verem sua oportunidade de reencarnar ceifada pelo médico, só queriam se vingar dele. Nas mãos desses espíritos, padeceu por incontáveis sofrimentos e, atormentado pelas marcas que carrega do remorso de ter assassinado tantos seres inocentes, desenvolveu um medo de qualquer espírito que se aproxime dele, achando que seria mais um em busca de vingança. Hoje, muitos anos após essa história se passar, continua assombrado pelo medo e se trancafiou aqui para que ficasse junto a outros criminosos devedores da Lei que, como ele, também morrem de medo de serem alcançados por suas vítimas em busca de vingança.

— Mas eles permanecerão assim para sempre? Haverá perdão para o que fizeram? — perguntei.

— Sempre há possibilidade de redenção, mas no momento quem não consegue se perdoar é o próprio espírito e levará muito tempo até que consiga se dar uma nova oportunidade. Queria que se atentasse a quantos seres conheceu enquanto encarnado que se assemelham a esses espíritos aqui presos. Quantas pessoas vivem presas por vontade própria com medo de errar, medo de se arriscar, medo do outro? Pessoas que desenvolvem fobias de todas as espécies por não conseguirem tirar de dentro de si as reminiscências do que fizeram de errado. Estes, se não buscarem a transformação, continuarão presos por vontade própria onde quer que estejam. Poderia contar a história de cada um desses seres atormentados que aqui se encontram, mas todas as histórias teriam como elemento em comum a maldade praticada e a culpa que persegue a cada um desses espíritos. Entende melhor agora que a mente cria o céu e o inferno, a vitória e a derrota? Tudo está na mente. Se conseguir entender o poder que tem, jamais cairá novamente.

— Sim, compreendo claramente. Há algo que possamos fazer por esses espíritos que aqui estão?

— Em primeiro lugar, não os julgar. Depois entender que cada um tem seu tempo e, quando mostrarem-se dispostos, estender-lhes a mão. Por ora, só podemos energizá-los com um pouco da nossa energia para que seu sofrimento seja atenuado e permita que eles possam entender que de nada adiantará o medo, a autopunição e o autoflagelo. Quem errou tem que buscar acertar e não se amarrar ao passado como desculpa para não buscar um presente e um futuro diferente. Podemos ir agora, acredito que a lição está aprendida.

– Só mais uma coisa, exu mirim. Podemos manipular a mente desses seres?

– Imaginei que fosse perguntar isso. Sim, sempre com muito cuidado e responsabilidade. Todo aquele que tem informação sobre o outro pode buscar influenciar usando o conhecimento que detém. Mentalizações são muito poderosas. Caso se concentre em qualquer um desses espíritos que aqui estão e busque acessar suas mentes, terás condições de intuir-lhes pensamentos para que façam coisas que julga corretas. Mas, muito cuidado, pois nenhum espírito deve ser feito de marionete. Quem o faz por meio da obsessão receberá punição por seu ato. Nosso papel é buscar intuir pensamentos positivos. Nunca o Mal. Nunca interesses pessoais devem sobrepor a questões mais elevadas. Muitos usam de vodus, que nada mais são do que a emissão de pensamentos negativos irradiados. Esses seres, vítimas de vodu, se estiverem sintonizados com a irradiação, sentirão no corpo físico todo o mal emanado por aquele encarnado que fizer a magia. Normalmente esse encarnado está acompanhado por um espírito também mal-intencionado que o ajuda no processo de materialização do ódio em um boneco ou em qualquer outro objeto, bebida ou comida, entre outros. Para satisfazer suas próprias necessidades, esses espíritos exigem dos encarnados o pagamento de uma recompensa pelo ato praticado e assim se nutrem dos fluidos humanos, fortalecendo seus desejos e apetites materiais. Ao perceber algum encarnado auxiliado por um espírito em busca de fazer algum trabalho para outro e, desde que a potencial vítima tenha merecimento, os exus intercedem para que o trabalho não tenha a consequência esperada. Nenhum Exu faz trabalho para prejudicar o outro. As entidades que fazem esse tipo de trabalho por vezes se passam por exus, mas não são dignas de lhes limpar as botas. O exu só faz a justiça. Não a sua justiça humana, mas a de acordo com a Lei. Qualquer um que fizer diferente, exu não é, e receberá de acordo com suas obras. Se fizer o mal, receberá o Mal de volta. Se fizer o bem, receberá o Bem. Assim é a Lei.

# A história do senhor Mago Sete Estrelas

Confesso que desde que cheguei àquele reino estava muito curioso quanto à figura do mago, pois só tinha uma lembrança muito remota de quando era encarnado e ouvia falar de feiticeiros e magos. Para mim, eles representavam seres com poderes especiais, capazes de destruir alguém com sua magia e, ao mesmo tempo, de curar quem a eles recorresse.

Enfim, muito pouco ou nada sabia sobre eles, e isso só aumentava a minha curiosidade. Estava esperando a oportunidade para perguntar sobre a sua história e tentar absorver seus conhecimentos. Tinha comigo que o Mago Sete Estrelas poderia me dar a chave para entender o meu destino. Talvez não tenha comentado até agora, mas havia algum tempo tinha começado a pensar o que seria de mim, pois sentia que algo diferente poderia estar reservado, mas não tinha ideia do que poderia ser.

Muitos pensamentos me passavam pela cabeça, mas se havia uma coisa que tinha aprendido é que cada momento já reserva suas próprias provas e surpresas, e que de nada adiantava querer prever o futuro, a menos que fosse um mago...

– Por acaso me chamas em pensamento?

Não pude conter o meu susto ao ver que o mago me olhava a uma certa distância e certamente estava lendo todos os meus pensamentos.

– Consegue ler o pensamento de qualquer ser aqui?

– Sim, certamente. Mas esse não é um poder exclusivo dos magos. Todos aqui com algum grau de evolução conseguem ler o pensamento de outros espíritos. Aqui não há nada que possa ficar escondido. Cada um é o que é. Não há espaço para dissimulação, mentiras e outras coisas tão comuns quando se está encarnado.

– E como eu posso fazer para ler o pensamento dos outros? – perguntei.

– Basta acreditar que pode fazê-lo e se concentrar nas vibrações que cada entidade emite.

Concentrei-me bastante e tentei acessar o pensamento do mago, mas nada apareceu em minha mente.

– Tenho meus próprios truques – revelou ele, sorrindo. – Saiba, porém, que posso esconder meus pensamentos, mas nunca vibrar diferentemente do que estou pensando. Quero contar minha história para que possa entender que um mago nem sempre foi mago...

*Na minha última existência tinha um dom que era o de estar em contato direto com espíritos por meio da mediunidade. Conseguia prever muitas coisas que aconteceriam e isso fez com que me tornasse uma pessoa muito conhecida no reino que habitava. Em diver-*

sas ocasiões fui levado até o Rei para fazer previsões e, em pouco tempo, me tornei conselheiro real, sendo consultado diretamente para os mais variados assuntos. Na prática, cheguei a governar, pois minha palavra era decisiva para todas as decisões reais, mas, como bem sabe, o poder geralmente corrompe. Tornei-me cada vez mais arrogante, e, em determinado momento, muitas das previsões que fazia diziam muito mais aos meus desejos do que ao que realmente estava recebendo como intuição. Secretamente comecei a conspirar contra o rei, imaginando que poderia ocupar o seu lugar, caso ele fosse dado como louco e abdicasse ao trono em meu favor. Anos e anos a fio colocando o meu plano em prática e consegui que o rei abdicasse ao trono em meu favor, já que este não tinha filhos. O que não sabia é que todo esse trabalho seria inútil. Na minha ânsia pelo poder, não percebi que, da mesma maneira que tramava contra o rei, outros tramavam contra ele e contra mim. Foi só o rei abdicar e eu também fui deposto, acusado de tramar contra Vossa Majestade. Uma revolução se instaurou no reino e só teve fim com a indicação de uma nova família real que deu origem a uma dinastia de reis. Preso, passei meus últimos anos em um calabouço. Desesperado, tentei recuperar meus dons mediúnicos, mas estes cessaram junto com a minha influência naquele reino. Desencarnei anos depois, ainda vivendo na prisão e, logo que me vi livre do corpo físico, busquei vingança, passando a *obsidiar de todas as formas o novo rei, que sob minha influência em espírito tomou uma série de decisões impopulares. Estava conseguindo êxito no meu intuito, até que recebi a visita de uma entidade que se aproximou de mim e disse que eu deveria usar meus poderes para algo mais útil, que aquela vingança não fazia sentido e que já estava havia muitos anos ali tentando prejudicar o reino. Também me disse que seria me dado uma chance de desistir daquela existência presa à vingança e seguir meu caminho, sendo levado para um local onde poderia aprender muito. Confesso que resisti à ideia de sair de lá, mesmo sabendo que tantos anos depois, os quais julgava que fossem apenas meses, não havia conseguido nada substancial a não ser perturbar o rei e prejudicar sua popularidade. Decidi seguir com ele. Fui levado para outro plano e lá tive oportunidade de ser esclarecido de como falhei na última existência e do quanto prejudiquei não só o monarca, mas toda a população. Pude entender que o interesse de um nunca pode sobrepor-se ao interesse coletivo. A partir dali uma mudança começou a se realizar dentro de mim. Vi que minha ambição tinha feito com que desperdiçasse o enorme dom que me havia sido dado. Para que tenha ideia, até hoje algumas profecias que fiz lá vão se provando corretas e alguns escritos trazem meu nome. Mas isso é passado. Passei muito tempo tendo constantemente lições de humildade. Por vezes, desculpei-me perante aqueles a quem fiz o mal. Atuei junto a outros profetas no sentido de ajudá-los a não se desviar do caminho, a não se considerar melhor do que ninguém, com o objetivo claro de fazer com que eles não falhassem como eu falhei. Foi então me dada a oportunidade que transformou tudo para mim. Pude conhecer o senhor Mago Supremo, que não tem esse nome por acaso. Ele foi o primeiro a chegar ao nível maior de conhecimento sobre feitiçaria e magia. Mestre em magia negra e branca, ele consegue em pouco tempo desfazer qualquer feitiço endereçado por quem quer que seja. Também é mestre na arte da hipnose, conseguindo induzir qualquer um que não esteja firme em seu propósito a fazer tudo o que ele desejar. Meu encontro com Mago Supremo deu-se por muita sorte da minha parte. Mesmo sabendo que o acaso não existe, uso a palavra sorte para definir meu encontro com ele. Uma das entidades que auxiliei em meus trabalhos era um velho conhecido do Mago Supremo e, ao ter com ele, disse-lhe da ajuda que recebeu de minha parte. Foi assim que o Mago Supremo se interessou por mim e, por intermédio desse amigo, convidou-me para conhecer seu reino. Ao receber o convite, aceitei mais do que depressa, pois, como disse, estava ávido pelo conhecimento e não via oportunidade melhor do que estar com aquele que tinha a fama de tudo saber. Não preciso nem dizer que minha afinidade com ele foi total desde o começo, e minha estada, que, a princípio, duraria poucos dias ali, estendeu-se por um longo tempo. Ali, fui iniciado no conhecimento da magia níveis II, III e IV. Certo dia, porém, o Mago Supremo chamou-me para conversar e falou que meu treinamento estava quase completo, que o conhecimento que lhe fora permitido me passar já havia sido passado. Falou que, para receber a formação Nível I, ainda teria que evoluir muito, mas que, por hora, não me preocupasse com isso, pois tudo aconteceria a seu tempo. Informou-me também que, para que fosse considerado mago, teria que cumprir uma determinada missão. Há muitos quilômetros dali, havia um reino que tinha sido tomado por uma entidade trevosa muito poderosa, escravizando todo o povo que ali habitava. Falou também que o antigo mestre daquele trono havia caído, e seu encanto por uma entidade feminina de beleza estonteante havia feito com que abdicasse a tudo para segui-la até um reino dominado por uma entidade trevosa. Envolvido em uma armadilha, o mago, antigo regente, caiu. Passou todo o seu conhecimento para essa entidade feminina que os revelou a seu verdadeiro mestre. Ele então foi aprisionado e não mais conseguiu sair do estado de perturbação mental provocado por aquela queda. Pois bem, só um mago pode libertar outro mago. E o Mago Supremo me colocou naquela missão. Teria que ir até aquele trono libertar o mago e depois libertar o povo daquele reino da escravidão daquela entidade muito poderosa e ainda embebecida pelo Mal. Só cum-*

*prindo a missão é que minha preparação para mago estaria concluída. Sem isso, jamais minha preparação estaria concluída. Assustado com a missão proposta, tentei explicar ao Mago Supremo os motivos do meu receio, mas ele era muito firme e disse simplesmente que deveria ir, sem questionar mais nada e que o que estava escrito aconteceria, seja lá o que fosse. Não ousei mais questioná-lo e fui ao encontro do meu destino. Chegando lá próximo, senti uma energia muito poderosa e avistei a imagem encantadora da mesma entidade feminina que havia derrubado o antigo regente daquele trono. Se havia algo encantador era aquela entidade. Perdi-me em sua beleza e não tive como não cobiçá-la. Confesso que quase caí também, mas, advertido pelo Mago Supremo, busquei forças não sei de onde para sobreviver às suas investidas. Prossegui e deixei de lado qualquer pensamento menos reto para com aquela entidade. Sabia muito bem do valor da minha missão e que não teria uma nova oportunidade. Cada vez que ficava tentado a ceder à tentação daquela beldade, lembrava-me de quantas vezes havia caído anteriormente e do aviso de que não haveria a possibilidade de tentar novamente, caso falhasse. Passei no primeiro teste, mas sabia que haveria outros. Caminhei até onde o velho mago estava preso e, ao percebê-lo, busquei travar com ele um diálogo, tentando trazê-lo de volta, mas ele parecia não me dar ouvidos, mostrando uma mistura de vergonha, fraqueza e de-*

*sânimo por ter sido enganado. Percebi logo que seu orgulho estava ferido e a melhor maneira de trazê-lo de volta seria fazer com que voltasse a confiar em si.*

– Grande mago caído, sei que sente que falhou, mas posso lhe assegurar que não. Fui enviado aqui para restituir o seu trono e colocá-lo novamente como o líder deste reino para que as entidades que aqui habitam possam ser tratadas com o mínimo de respeito, visando receberem, em determinado momento, uma nova oportunidade no que diz respeito aos campos da evolução.
– Não sou digno de ajuda. Após muito estudo, foi me dada uma incumbência e falhei – respondeu o mago resignado.
– Pois lhe digo que ainda tens muito a fazer por essas entidades e que és a única esperança de muitos que aqui se encontram.
– Mas quem pode garantir que não cairei novamente?
– Ninguém pode garantir, mas, se vós não tentardes, todos que aqui estão cairão. Podes conviver com isso também?
Senti que minhas últimas palavras haviam tocado o velho mago, que se libertou das correntes e fez um movimento para me acompanhar. Na porta de saída, percebi algumas sentinelas que antes não estavam ali. Minha presença fora notada e uma emboscada havia sido armada. Felizmente pude usar da hipnose para que escapássemos. Saindo de lá, dirigimo-nos até o trono, no qual a entidade trevosa estava sentada. Não demorou para que notasse

a nossa presença. Precavido pelos conselhos sábios do Mago Supremo, aguardei a reação da entidade trevosa antes de mostrar qualquer movimento.

– Como ousam invadir meu reino? Receberão uma dura lição para que jamais desafiem meu poder novamente.

O grito da entidade me fez estremecer, mas logo recobrei a tranquilidade e disse que estava ocupando o trono de um regente que ali estava e isso não estava de acordo com a Lei. Disse ainda que estávamos ali para que a lei fosse cumprida. Nesse momento, vi o olhar macabro da entidade se dirigir a mim e senti uma sensação de que iria esmorecer. Dores se espalharam pelo meu corpo e só pensava em sair dali. Mas enquanto ali estava, o velho mago dirigiu-se à entidade e a envolveu por uma magia que, em pouco tempo, foi minando a energia do ser trevoso que partiu em retirada. Uma alegria tomou conta de mim quando me virei para o velho mago e, entusiasmado, disse que ele havia derrotado a entidade trevosa e devolvido a liberdade para o trono, que agora voltara a ser dele. Percebi, porém, que o velho mago não esboçava um gesto de satisfação e notei que algo definitivamente estava errado. O velho mago, com voz triste, então me disse:

– Este trono não mais me pertence. Eu falhei com ele. Meu pensamento continua envolvido com a estonteante entidade feminina. Devo partir daqui, buscar um exílio, aqui farei o mesmo mal que a entidade trevosa, pois não terei condição alguma de proteger os que aqui habitam. No momento, não consigo nem proteger meus pensamentos do desejo e da tristeza. Devo partir para evitar um mal maior.

– Mas o que será das entidades aqui sem seu regente?

– Eu não sou mais o regente. O senhor Mago Supremo lhe enviou aqui não para que me colocasse de volta no trono, mas, sim, para que assumisse esse trono ao término das lições. Tenho certeza de que a lição já está finalizada. A partir de hoje, serás chamado de Mago Sete Estrelas e serás o novo regente deste reino, que serás, a partir de hoje, também vossa casa. – E, antes que eu pudesse dizer algo, o mago desapareceu na minha frente.

Apesar de não entender o que se passara ali, sabia que a partir daquele momento nada mais importaria senão o cumprimento da minha missão. Nascia o Mago Sete Estrelas. Assumi o governo deste reino e passei a usar a magia aprendida para controlar os habitantes deste trono e mantê-los em mínima situação de dignidade, coisa muito difícil dado o grau baixíssimo de evolução espiritual deles.

– Fiquei impressionado com vossa história, grande mago.

– Todos podem e devem evoluir. Ninguém está condenado a permanecer estacionado. Medite sobre isso e descanse um pouco, pois muito ainda tens para aprender.

# Os exus

Ainda estava completamente perdido em pensamentos, com mais perguntas do que respostas. Parecia montar um quebra-cabeça em que cada peça vinha em um momento diferente. Queria entender por que e para que estava sendo treinado. O que o senhor Tranca Rua esperava de mim? Será que deveria ser um auxiliar dele? Ou simplesmente tudo isso não passava de algo padrão que todos teriam de passar um dia? Poderia reencarnar de novo ou aquela seria minha morada definitiva? Eram muitas e muitas as perguntas. Alegrei-me ao encontrar novamente o exu mirim que pode sentir minhas aflições.

– Tudo a seu tempo, tudo a seu tempo...

– É muito difícil caminhar no escuro. Sou grato ao que fizeram por mim. Eu não era nada mais do que um trapo quando cheguei aqui, e vocês me protegeram e me ajudaram, mas ainda me sinto preso à ignorância.

– Muito já lhe foi revelado sobre existências passadas, mas seu futuro é incerto. Não há algo destinado a você. Tudo vai depender das escolhas que fizer nos momentos-chave de sua existência. Não está sendo treinado para nada. Está recebendo esclarecimentos que podem ou não forjar seu discernimento e suas escolhas. Mas isso dependerá exclusivamente de você. Não há trabalho nem tarefa que só um possa exercer. Se alguma tarefa a você for apresentada e não tiver interessado ou preparado, a outro será dada.

– Entendo. Gostaria de saber se terei novamente oportunidade de reencarnar.

– Sim, se lhe for necessário.

– Mas acredita que sejas?

– Sim, acredito, mas não sou eu quem decide.

– Entendo.

Quanto mais perguntava, mais revelava minha ignorância em relação aos desígnios. Achei melhor ficar quieto, por ora. Mas, parecendo achar graça nos meus pensamentos, exu mirim continuou:

– Queria contar uma história, que se passou há muito tempo...

*Vendo que o homem se perdia devido a sua própria ganância e, ao invés de buscar o Bem, o seu desejo insaciável o levava a praticar o mal, o Mestre recrutou ao seu lado os espíritos mais evoluídos para que atuassem diretamente sobre os desígnios dos homens dando proteção a quem tivesse merecimento. Esses espíritos auxiliaram muito no desenvolvimento de todos e especialmente na proteção daqueles que buscavam crescer. Havia, porém, um espírito que destoava desse grupo. Apesar de ter alcançado considerável grau de conhecimento, ele ainda nutria em si um sentimento de que era superior aos demais. Era, sem dúvida nenhuma, o espírito mais dedicado no estudo das forças que regem o universo, mas, por vezes, sentia-se contrariado pela decisão dos demais e se via forçado a segui-la contra sua vontade. Sentindo que dentro dele havia um sentimento não compatível com a sua evolução, o Mestre o chamou para conversar pessoalmente e alertou para que não deixasse de lado tudo que evoluiu até ali, mostrando que todos são parte de um todo e as decisões ali deveriam ser tomadas sempre em conselho. Por sua vez, ele demonstrou concordar com o Mestre e disse-lhe que entendia perfeitamente os desígnios e jamais poderia duvidar da sua sabedoria. O mestre, porém, podia sentir cada pulsar do seu coração, cada pensamento que lhe passava pela cabeça, cada intuição que recebia e, percebendo que o discípulo estava sendo tentado e testado em sua crença, achou por bem retirá-lo temporariamente do seu grupo de auxiliares para que pudesse refletir sobre o que se passava com ele. Mas, no exílio, em vez de meditar sobre os aspectos apontados pelo mestre, ele se revoltou e resolveu desafiá-lo, passando a usar seus conhecimentos sobre as Trevas e magias contra outros espíritos. Pouco a pouco começou a achar que tinha mais poder do que o Mestre, pois parecia ter mais influência sobre espíritos do que antes. Em sua ânsia por vingança, não parava de se colocar contra o mestre, buscando cada vez afastar mais os espíritos de luz. Sua influência só crescia, e ele já comandava muitas legiões de espíritos subjugados aos seus conhe-*

*cimentos, tornando-se cada vez mais maldoso e se comprazendo com o mal praticado. O Mestre, percebendo a influência negativa desse anjo caído chamado Lúcifer, chamou um de seus auxiliares para que o ajudasse a reduzir a influência dele sobre outros que o reconheciam como único mestre. Esse espírito de luz teve que receber todo o conhecimento para que pudesse atuar do outro lado, sem que fosse notado pelo anjo caído. Ele verdadeiramente teve que se despojar de toda a luz que tinha e se passar por um ser caído para assim conseguir se aproximar de Lúcifer e ganhar a sua confiança. Pouco a pouco, ganhou a simpatia dele, que passou a lhe delegar várias tarefas de conversão de espíritos que deveriam servir a Lúcifer, ensinando-lhe tudo o que sabia e passando a vê-lo como um braço-direito com conhecimento suficiente para executar boa parte do seu trabalho.*

*Porém, não demorou muito para Lúcifer perceber que os espíritos deixaram de ser convertidos e que, na verdade, o espírito que lhe ganhara toda a confiança estava atuando para minar sua influência e não para propagá-la. Lúcifer então se voltou contra esse espírito e usou seus poderes para acabar com ele. Mas, apesar de sentir toda a ira do ser do Mal, o espírito resistiu a suas investidas e usou os próprios ensinamentos de Lúcifer para derrotá-lo. Sentindo-se vencido, Lúcifer fugiu e jurou vingança contra todos, passando a atuar em outras regiões onde o Mal já dominava completamente. Esse espírito, por sua vez, foi convidado pelo mestre a ocupar um lugar importante ao lado dele, mas, como havia se afeiçoado pelo povo das Trevas, rogou ao Pai que pudesse ficar ali auxiliando na conversão de espíritos perdidos para que estes pudessem ver e ascender à Luz. Passou então não só a ajudar os espíritos que ainda tinham algo de bom dentro de si, como passou a formar novos auxiliares entre os espíritos com mais conhecimentos para que estes pudessem ajudá-lo no trabalho de auxílio prestado nas Trevas. Batizado de exu, aquele que abre os caminhos, passou a recrutar uma falange para trabalhar junto com ele. Hábil no conhecimento da Luz e das Trevas, este espírito ganhou muita importância nos trabalhos do Pai, pois era o único que também conseguia exercer influência sobre espíritos arraigados no Mal. Atuando incansavelmente, em pouco tempo sua falange já era composta por centenas de espíritos que eram encaminhados aos mais diversos trabalhos dentro do reino das Trevas. Com eles, o Pai, mesmo respeitando o livre-arbítrio dos espíritos, conseguiu exercer uma grande influência sobre espíritos muito maldosos, fazendo com que alguns deles fossem convertidos pela Luz. A lenda dos exus espalhou-se por todos os cantos e, em pouco tempo, passaram a ser espíritos muito respeitados pelo seu senso de justiça e por sua habilidade, antagonizando com aqueles que buscam só praticar o mal. Até hoje o conhecimento dos exus é fundamental na obra do Pai. Mesmo existindo alguns exus que caíram, a maioria deles exerce um papel muito importante no equilíbrio em zonas trevosas. Senhor exu Tranca Rua foi um dos treinados pelo exu*[1], *que passou a ser conhecido como orixá e mestre dos demais exus, que se seguiram.*

*Todos os exus buscam honrar o primeiro exu, que ousou desafiar o Mal e conseguiu derrotá-lo, fazendo com que este tivesse que buscar outras regiões para exercer a sua influência. Enquanto, porém, Lúcifer e outros tantos espíritos caídos mantiverem-se no Mal, haverá muito trabalho para os exus, que atuam nas sombras como incansáveis soldados do Pai Maior, trabalhando junto aos mais necessitados espiritualmente falando, aqueles que só ouviriam uma entidade a qual temessem. Respeitados e temidos, os exus são responsáveis pelo equilíbrio das Trevas. Muitas das vezes são completamente confundidos com os habitantes das zonas mais inferiores, conseguindo assim exercer grande influência sobre esses locais.*

Estava muito impressionado com o que acabara de ouvir. Percebi que ninguém estaria entregue à própria sorte enquanto os exus estivessem atuando e, por algum tempo, senti-me com muita sorte por ter chegado ao reino do Senhor Exu Tranca Rua e ter recebido abrigo.

---

1 Quando do advento da umbanda, exus foram chamados para dar a sustentação espiritual para a nova religião que se criava.

Por alguns instantes tive vontade de ter a mesma força que os exus. Por incrível que pareça, afinava-me com as Trevas e não conseguia me ver no lado da Luz. Nas Trevas, parecia encontrar tudo de que precisava e, certamente, não me adaptaria em outro local, pelos menos por enquanto...

# Enfrentando o destino

Não poderia imaginar o que me aguardava quando encontrei o Mago Sete Estrelas, que me saudou e pediu que o acompanhasse, dizendo que queria me mostrar algo que me interessaria bastante. Abrindo um portal, ele me mostrou o reino do Sétimo Trono e disse que chegara a hora de retornar para lá.

Ao ouvir isso, senti um frio na barriga e rapidamente falei:

— Eles acabarão comigo se eu voltar àquele reino. O senhor de lá certamente não ficou contente com minha fuga, especialmente se soube que estive com suas mulheres.

Aliás, onde ele estaria? Recordo-me dele saindo para atacar o reino do senhor exu Tranca Rua, mas também me lembro que não havia vestígio nenhum de ataque no reino do senhor Tranca.

— Sua preparação na magia será concluída no reino do Sétimo Trono. Fique tranquilo, pois haverá segurança para você. Preciso que parta imediatamente rumo ao reino. O exu mirim e eu ficaremos aqui aguardando o seu retorno. Esperamos que seja bem-sucedido nessa última parte de sua preparação. Chegando lá, saberá o que fazer.

Sem que houvesse mais espaço para comentários ou perguntas de minha parte, parti rumo ao desconhecido.

Minha mente não parava de pensar. Não pude deixar de me lembrar de quando fui tentado pelo espírito maligno que disse que o senhor Tranca seria meu algoz. Claro que não poderia acreditar na maldade de um exu depois de ter ouvido com tanta riqueza de detalhes a sua história; não conseguia, porém, entender o porquê de estar sendo enviado para lá, se seria por conta de uma nova punição ou alguma outra coisa.

Se o fosse, estava disposto a aceitar meu destino, ainda que pensasse que poderia haver outra maneira de espiar pelo Mal que havia feito, pois me sentia mais preparado para ajudar no cumprimento da justiça, auxiliando aqueles que fossem merecedores. Mas, de novo, não cabia a mim julgar os desígnios, e sim cumpri-los.

Não conseguia deixar de pensar nas mulheres que haviam me proporcionado o único momento de prazer nos últimos tempos e que tanto haviam me ensinado. Meu sorriso nesses momentos era rapidamente substituído pela imagem do regente daquele trono e do temor que me provocara. Sabia que não haveria compaixão e todo o castigo que recebi da última vez seria pequeno perto do que me aguardava.

Pensei em fugir, em ir para outro local, mas sabia que não seria uma atitude digna e que, mais cedo ou mais tarde, teria que me a ver com a justiça.

Não sei por quanto tempo andei até lá. Em um dos treinamentos com o Mago Sete Estrelas havia aprendido sobre como levitar, mas ele havia dito que, naquela região, era proibido usar esse conhecimento, pois isso me colocaria em grande perigo e me denunciaria como diferente em meio àquela legião de espíritos sofredores. Não me sentia cansado, tampouco havia sido importunado por espíritos inferiores durante minha jornada. Havia entendido que a mente comanda tudo. Com o pensamento firme, mostrava uma imagem de força e ninguém ousava me importunar. Se passasse ainda a mesma imagem de fraqueza, certamente meu caminho teria sido tão difícil como o fora quando cheguei àquela região.

    Avistar aquela grande muralha que protegia o trono provocou em mim um grande arrepio, mas sabia que chegara a hora de cumprir o meu destino.

# O destino se apresenta

Senti-me forte quando adentrei o reino. O medo, que sentia minutos antes, havia desaparecido. Qualquer que fosse o meu destino estava pronto para cumpri-lo. Entrei sem fazer questão de me esconder. O que quer que me estivesse reservado, que fosse cumprido logo.

Notei, na entrada, a falta das sentinelas de outrora. Via, de um lado e de outro, seres de todos os tipos habitando aquele reino, muitos deles com fisionomia de causar terror. Fui adentrando pelo reino e percebia que muitos deles me seguiam com o olhar. Diferentemente do que imaginava, porém, nenhum deles tentou me deter. Se o fizessem, eu me entregaria sem resistência, pois já me conformara com o que estivesse reservado para mim.

Ao me aproximar do trono do reino senti uma energia muito diferente, como se fosse atraído por uma espécie de ímã, como se algo comandasse a minha vontade e me fizesse caminhar naquela direção sem que fosse possível parar ou mesmo desviar o meu caminho.

Ao me aproximar, notei o trono ardendo em chamas, o que significava a falta definitiva do regente. Ao mesmo tempo em que vi aquela cena, comecei a me questionar mentalmente o que teria acontecido com o regente e por que aquele reino parecia uma enorme anarquia naquele momento, bem diferente de como eu o encontrei da primeira vez, em que, mesmo antes de entrar lá, eu já havia sido capturado e feito prisioneiro.

Junto a meus questionamentos estava uma enorme sensação de estar sendo seguido por olhares que não conseguia identificar.

Fui guiado pela energia até perante o trono e, ao me aproximar, senti o calor das chamas, que eram muito altas. Ao olhar diretamente para o trono, vi um portal se abrir e uma voz me chamar para dentro dele. Titubei por alguns segundos, mas a energia vinda dali não me permitia resistir por muito tempo.

Adentrei ao portal e, em um primeiro momento, tudo se fez escuro para, logo depois, eu começar a avistar imagens desconexas de seres voadores, paisagens de vulcões com lavas escorrendo, e um céu vermelho. Comecei a levitar pelo local e pude observar por cima sua geografia.

Senti quando se aproximaram de mim quatro seres que me puxaram para baixo até me colocarem com os pés no solo.

– Viemos aqui para lhe fazer uma pergunta. Pense bem e nos responda. Quem é o senhor do destino de um ser? Cuidado para não ser traído pela resposta fácil.

Pensei por alguns segundos e respondi:

– No meu modesto entendimento, cada ser é responsável por seu sucesso ou o seu fracasso, não sendo possível atribuir a culpa a outro que não a ele mesmo.

— Então quem seria o responsável por seu destino? — questionaram os seres.

— Eu sou o responsável!

— Se és o responsável, qual destino escolhe neste momento?

— Quais seriam as minhas opções?

— Se tivesse todas as opções possíveis, qual delas escolheria? Lembrando que não é dado a um ser viver mais do que um destino.

— Escolheria quitar meus débitos com a justiça para me tornar verdadeiramente livre; eu me colocaria à disposição para ser um trabalhador da Luz, usando os pequenos conhecimentos que adquiri para levar a justiça aos locais em que os seres que ali habitam estão descrentes e não acreditam mais que exista algo maior que guie todos os desígnios.

— Pois bem, que assim seja feito. A partir de agora serás responsável por trabalhar em prol da justiça. Deverás ser sábio e guiar outros irmãos menos esclarecidos rumo à Luz. Não deves julgar, mas fazer cumprir a lei. Deves ser justo e inflexível quanto ao cumprimento da lei, não só para os outros, mas especialmente para você. Deves usar a magia com responsabilidade, evitando ser responsável pela queda e desgraça do outro. Deves proteger aqueles que se vincularem a seu trono e, por fim, deves liderar com responsabilidade. O antigo regente deste trono caiu, pois usou seu poder para humilhar os outros, não seguiu seu juramento de ser trabalhador da Justiça e buscou criar suas próprias leis. A Lei, que é implacável, tirou aquilo que lhe foi dado e agora ele terá que expiar em outras terras para evoluir novamente. Quando sua sede de dominação chegou ao extremo, e ele atacou outro reino para ampliar seu poder, foi duramente derrotado. Antes disso, porém, alguém já estava sendo preparado para ocupar o seu lugar, caso caísse, pois o trabalho é sempre mais importante do que o trabalhador. Com vós, acontecerás o mesmo se traíres os desígnios da Lei. Se não for justo, deixando-se envolver por qualquer tipo de paixão, serás a partir de agora conhecido como o senhor exu das Sete Encruzilhadas. Serás o regente deste trono, e junto a ti uma falange de trabalhadores será responsável por divulgar vosso nome aos quatro cantos, atuando de acordo com vossa orientação. Atrairás para vosso reino todos aqueles que se afinem com vossos ensinamentos. Seu reino não será de sofrimento, mas de cura. Não poderá nunca pactuar com o Mal, deverás ser escravo do cumprimento do Bem. A partir de agora declaramos que seja o novo regente do trono.

Nesse momento, aqueles quatro seres passaram a irradiar uma luz enorme e assumiram feições bem delicadas, angelicais. Eu fui completamente envolvido por aquela luz, que ofuscou minha visão. Fechei os olhos e, quando os abri, estava sentado no trono do Sétimo Reino. Ao redor do trono, notei as lindas feiticeiras que dariam auxílio e estrutura para o cumprimento da minha missão. Um pouco mais distante, vi que todos os seres daquele reino olhavam fixamente para o trono, entendendo que agora havia um novo regente.

Eu já não era mais o mesmo. Havia sido tomado por uma energia muito superior a qualquer outra que houvesse já sentido. Deixara de existir como antes, para dar lugar ao senhor Exu das Sete Encruzilhadas.

Notei a presença do senhor Tranca Rua e do Mago Sete Estrelas que se aproximaram de mim. O senhor Tranca, dando um passo para a frente, disse:

– Cumpras o teu destino, ó senhor exu das Sete Encruzilhadas. Está concluída a preparação de teu espírito e, a partir deste momento, será um dos meus ajudantes na difícil tarefa de levar esperança a quem clama por justiça. De levar confiança a quem vive no desespero. De levar fé a quem descrê da Luz. De levar humildade a quem se julga superior. De levar confiança a quem vive no medo. De desfazer trabalhos feitos. De trazer respeito e virtude para quem vive no Mal. De dar novo ânimo a quem é de bem. De tecer novo alento a cada manhã. És agora o senhor Exu das Sete Encruzilhadas, e, para aqueles que acreditarem em ti, não haverá caminho fechado, pois estarás à frente abrindo os caminhos de quantos vos crerem. Agora vos deixo, mas terás em mim sempre um bom amigo.

E então o senhor Tranca Rua desapareceu junto com o senhor Mago Sete Estrelas. Sentia-me renovado e agradecido à Luz a confiança depositada em mim, um mero pecador, que tanto já havia caído, mas, agora, seria um trabalhador do Bem.

# O senhor Exu das Sete Encruzilhadas

Nos dias seguintes, tomado de um espírito de liderança e como se nada mais pudesse me afetar, reorganizei o Sétimo Trono restabelecendo suas defesas dos ataques dos inimigos, fiz com que cada entidade de lá tivesse uma tarefa, libertei os prisioneiros e os coloquei ao trabalho, passei a formar minha falange que seria responsável por dar suporte e apoio aos trabalhos que desenvolveríamos em diferentes regiões do orbe visando vencer as demandas que se avizinhavam. As lindas mulheres, agora alçadas à posição de feiticeiras e conselheiras me ajudavam fortemente nas decisões. Apesar de me sentir atraído por elas, eu as via agora muito mais como anjos que me ajudavam no cumprimento da minha tarefa do que como seres que poderiam me energizar a partir da zona sexual.

Havia mudado muito, em pouco tempo. A responsabilidade que me fora dada me transformara em algo que jamais poderia imaginar. Se antes havia muita dúvida e medo; agora, sentia-me completamente pronto para o trabalho que se avizinha.

Trabalhei por anos a fio, trazendo o equilíbrio para o Sétimo Reino que passou a ser muito respeitado nas Trevas, por ser um dos poucos locais naquela região com resultados consideráveis de regeneração de seres até então perdidos e que, a partir de suas experiências naquelas terras, tomavam um novo caminho rumo à evolução, ao conhecimento, à justiça e ao trabalho. Além disso, nossas incursões ao orbe e os trabalhos desenvolvidos ajudaram muito a milhares de encarnados que sofriam pela ação do Mal.

Se pudesse deixar uma palavra diria a todos que acompanham a minha história, que resolvi contá-la, não para me promover, pois um exu trabalha nas sombras e no anonimato, mas somente para mostrar que independentemente do que tenha feito sempre haverá uma oportunidade. Nas regiões mais trevosas há sempre um foco de luz, pois nosso Pai Maior jamais abandona um filho à própria sorte.

Nestas minhas palavras, queria conclamar a todos para que tenham fé, pois aquele que crê tem muito mais condições de enfrentar qualquer obstáculo. Aquele que crê não fica desamparado e, quando cai, ergue-se mais rapidamente.

Exus são seres do Bem, que só fazem o bem. Se um exu se oferecer para prejudicar o outro, se disser que vai mandar demanda para alguém, este é só um espírito inferior travestido de exu.

Exu é um ser justo. Não aceita que ninguém brinque com ele e o trate com desrespeito. É senhor nas Trevas, atuando onde nenhuma outra entidade atua, formando a linha de frente do exército do Pai Maior, trazendo esperança àqueles que a haviam perdido, paz àqueles que vivem na guerra, amor àqueles que se sentem sozinhos, força àqueles que passam por provações.

Seus conselhos são sempre diretos e sem rodeios. Vai direto ao ponto, pois consegue ver sem o véu das paixões humanas. Doa sem esperar receber nada em troca. Não faz barganha. Aceita de bom grado oferendas, que provam a gratidão de quem foi agraciado, mas não exige absolutamente nada, senão somente que seja tratado com o devido respeito. Não prejudica a quem quer que seja, atuando sempre como um defensor da justiça e buscando ser luz em todos os momentos.

É o responsável por guardar as porteiras, pois sua figura é respeitada por todos, que sabem o quanto exu é trabalhador, o quanto é vigilante e o quanto é cumpridor dos desígnios da Luz, do Pai Maior.

Com exus, não se brinca. Exu é para quem tem fé, é para quem busca viver reto. Com ele, há proteção. Sem ele, há destruição. Ele está por todo lado auxiliando sempre, sem olhar a quem, e vendo somente se o ser tem ou não merecimento.

Sempre que se sentir perdido, busque a orientação de um exu que ele certamente o guiará no caminho a seguir.

Ele tem muitas denominações de acordo com sua origem, mas exu é exu, trabalhador, justo, forte, sério, atuante e, acima de tudo, aquele que sempre estará pronto para ajudá-lo.

Para quem é de dia, bom dia. Para quem é de noite, boa noite.

Senhor Exu Sete Encruzilhadas

# Segunda parte

# O que tem que ser dito

Eu confesso que achei que tinha concluído o relato da minha história. O último ponto final e a assinatura teriam sido o término do trabalho. Acredito que você também pensaria isso lendo as últimas linhas, e se não visse mais um calhamaço de folhas preenchidas no livro.

Mas, como já disse em outra ocasião, nem tudo é do jeito que a gente pensa. A proposta nunca foi a de somente contar minha história, pois não há nenhum motivo para me sentir lisonjeado com a sua publicação.

Sei que ela não difere em nada da história de outros tantos. Ser Exu não me deu e nem me dará qualquer tipo de privilégio especial. Se soubessem a quantidade de espíritos encarnados ou desencarnados que se perde por conta da arrogância ao se sentir superior ao outro, lutariam com todas as forças contra esse tipo de comportamento. Como sabem, aprendi a duras penas que humildade e trabalho são os caminhos mais rápidos para a felicidade.

Mas como estava dizendo, pensava uma coisa, mas me foi revelado que tudo o que foi contado até agora era apenas um preâmbulo, uma maneira de mostrar o caráter humano das entidades, no sentido de que não são seres especiais criados de maneira diferente pelo Pai Maior. Exus e outras entidades passaram e continuam passando por desafios similares aos que todos passam, com a diferença de terem percebido a benção do trabalho, de terem buscado a sabedoria e de se manterem em constante vigilância, itens normalmente negligenciados.

Seguindo a orientação de entidades superiores, trarei revelações sobre alguns itens pouco abordados e que só agora tiverem consentimento para que fossem relatados diretamente em um livro. Sei que esse trabalho não é meu. Participo intuindo o médium junto com uma corrente de espíritos com grande afinidade com as letras, assessorados diretamente por espíritos que em outra oportunidade fizeram esse mesmo trabalho enquanto encarnados.

Preciso abrir um parêntesis aqui. O trabalho mediúnico de psicografia inspirada é muito difícil de ser realizado. O médium, conhecido na Umbanda como burro ou cavalo, para mostrar sua função de simplesmente transportar a informação, deve estar plenamente sintonizado com o Espírito e com o trabalho a ser realizado durante todo o tempo. E, como já deve presumir, é verdadeiramente difícil manter essa concentração e esse foco. Todos os encarnados passam por problemas, contratempos, indecisões, medos, e nada disso pode afetar a qualidade do trabalho realizado. Também é válido esclarecer que a escolha do médium se dá somente pela afinidade que tem com o espírito, com as letras e com os assuntos a serem desenvolvidos, nessa ordem. Porém, mesmo não preenchendo estes requisitos, o médium pode ser requisitado quando não houver trabalhador melhor preparado disposto ao trabalho. Como dito pelo senhor da luz, nosso orixá maior, oxalá, enquanto encarnado, nosso Pai não escolhe os capacitados, mas capacita os escolhidos.

Mas voltando ao cerne, recebi o contato de um espírito muito elevado dizendo que as revelações deveriam ser trazidas de maneira mais clara e que seria o porta-voz delas, não sozinho, mas assessorado por outras entidades, e que a história deveria continuar...

# O ritual da passagem

Eu agora era o Senhor Exu das Sete Encruzilhadas, responsável por cuidar do Sétimo Reino das Trevas.

Trevas estas que sempre existiram. Pelo menos é o que se diz por aqui. Não se sabe ao certo se em algum momento houve somente a Luz. Acredito que sim, mas nunca ouvi diretamente de nenhum sábio e muito menos do Criador, visto que não é difícil perceber que um espírito com meu grau de evolução não consegue chegar nem perto do Pai Maior, nem dos seus auxiliares mais próximos.

Mas aprendi rapidamente que nosso Pai Maior é energia e que está em todos os lugares, que está de alguma maneira dentro de nós, e que, por mais que muitos tentem apagar sua presença, ele sempre estará em todos os lugares. Ele foi, é, e sempre será eterno, soberanamente bom, onipresente e onisciente. Não há como fugir Dele, pois é parte de nós e somos parte Dele.

Entender o caráter divino do Pai Maior revigora a força para enfrentar qualquer adversidade, pois se Ele é por nós, o que poderá verdadeiramente ser intransponível?

Pois bem, agora era o responsável por auxiliar e abrigar uma infinidade de espíritos segredados, degenerados, perdidos, e tantos outros adjetivos que poderia usar.

Segregados do convívio dos bons pelas barbaridades que cometeram, eles aqui recebiam auxílio. Não esclarecimentos, pois a maioria não estava em busca de entender o que acontecia. Aprisionados em sua maldade, em seu mundo interior perturbado, só pensavam em se manter e em vingança contra aqueles que acreditavam ser culpados por terem caído em desgraça.

Para conseguir manter a ordem era preciso manter vigilante autoridade moral, empregando energia na aplicação das regras e equilíbrio para sempre tomar a melhor decisão.

Confesso que, quando me tornei Exu, Senhor de um grande Reino nas Trevas, não conseguia compreender claramente por que havia sido o escolhido, julgando que certamente haveriam outros mais preparados para o trabalho.

Mas havia sido advertido de que nada acontece por acaso, que tinha capacidade para abraçar essa tarefa e que jamais seria desamparado se agisse com justiça, buscando o Bem coletivo. E era exatamente isso que buscava fazer.

Acreditava ter tido professores rígidos e sábios que muito me ensinaram e agora faria o que tinha que ser feito. E felizmente estava certo. Em pouco tempo era clara a minha transformação. Recobrava uma imagem muito melhor do que o maltrapilho que havia chegado. Meus traços, apesar de ainda serem duros, grosseiros, se tornaram um pouco mais suavizados. Meu olhar passou a ser profundo, como se pudesse enxergar dentro de cada um e, de fato, consegui em pouco tempo fazer isso. Qualquer um que chegasse próximo a mim era automaticamente conectado ao meu centro vital e eu tinha acesso a todos os sentimentos, pensamentos e a muitas experiências que aquele espírito havia passado. Sabia em questão de segundos qual era a inclinação do espírito, se me respeitaria ou não, se me temeria, se deveria permanecer junto aos demais ou deveria ficar recluso, pois não tinha condições de conviver em grupo, ainda que sabidamente ali não houvesse nenhum santo e nem próximo a isso...

Mas meu trabalho ia muito além de cuidar daquele Reino. Dividia meu tempo entre a presença ali e trabalhos diários que realizava no planeta. Aprendi com meus Mestres que, além de tratar os doentes psíquicos que pediam auxílio na Espiritualidade, era fundamental auxiliar encarnados para que não chegassem ao outro plano em estado tão lastimável. Assim, quanto melhor o trabalho feito no planeta junto aos encarnados, menor a possibilidade de espíritos chegarem ao Outro Lado em estado psíquico deplorável, sintonizando com colônias de segregação como as Trevas.

Ainda hoje me recordo claramente do primeiro trabalho que realizei no planeta. Cheguei próximo ao local que me fora intuito pelo Senhor Tranca Rua e acessei a enorme Casa exatamente uma hora antes do trabalho que se realizaria. Na chegada me encontrei com outros trabalhadores da corrente espiritual que presidiria aquele trabalho. Era formada por Exus, Exus-mirim, Maria Padilha, Zé Pelintra, Ogum, Baianos, Ciganos e Cangaceiros.

O trabalho de Esquerda seria realizado naquela noite pelas Entidades pertencentes ao Grupo a que me juntara. Cada qual tinha um papel no trabalho e na harmonização do ambiente, que era feita nos instantes que o antecediam por meio de ervas e magias que permitem que o local fique a salvo de entidades menos evoluídas, que ali se encontravam do lado de fora buscando prejudicar o trabalho e afastar possíveis frequentadores, especialmente os que se afinavam com elas.

Seres verdadeiramente baixos, que vibravam com o Mal, que se nutriam dos distúrbios psíquicos de encarnados e que se comproaziam no Mal, comemorando a cada encarnado que desistia do trabalho antes de adentrar aquele Centro. E, posso dizer uma coisa, por mais que nos esforçássemos, eram muitos que desistiam e iam cedendo a influência destas entidades.

Via de regra, estas entidades não tinham permissão para adentrar no recinto. Porém, para algumas delas era permitida a entrada. O critério era deixar entrar aqueles que tinham alguma chance de receber esclarecimento, grupo este formado por espíritos ignorantes, e que estavam prejudicando aos demais encarnados sem ter a exata noção das consequências do que estavam fazendo.

Eles julgavam que poderiam entrar lá e não só prejudicar o encarnado fazendo com que este se desequilibrasse mais ainda, mas também destruir o trabalho que estava sendo realizado. Pura ignorância. O trabalho estava muito bem protegido, e parte deles caía em uma espécie de armadilha cuidadosamente pensada para que pudessem ser esclarecidos e tivessem uma oportunidade de conhecer a Luz, se afinando no futuro com ela. Como já disse, nenhum Espírito, por pior que ele seja, está entregue à própria sorte.

Faltava pouco tempo para o início do trabalho e pude avistar na assembleia centenas de pessoas aguardando para assistir ao trabalho e se consultarem com as entidades que o executariam naquela noite. Uma rápida olhada foi suficiente para que pudesse acessar os pensamentos de todos que ali estavam. A maioria deles padecia de profundas perturbações provocadas por desilusões amorosas, solidão, perda de trabalho, perda de autoestima, envolvimento com drogas, álcool, sexo desregrado, entre outros. Alguns carregavam consigo um passado nebuloso, tendo praticado inclusive crimes. Mas havia alguns bons de coração, que buscavam ainda algum auxílio. Os pedidos mentais eram variados, desde a busca por um novo amor ou por reatar um relacionamento antigo, até a resolução de problemas materiais.

A primeira coisa que aprendi: não julgar, a quem quer que seja. Cada um sabe onde aperta o seu calo, o que parece frivolidade para um, pode ser algo vital para outro, e não cabe a mim nem a ninguém julgar o peso do problema que o outro acredita estar passando. No fim, cada um receberá segundo o seu merecimento, pois esta é a Lei.

Naquela noite teria minha primeira experiência de comunicação por um médium e me fora indicado aquele que seria responsável por minhas comunicações. Era um rapaz comum, que mentalmente se dividia entre pensamentos elevados e levianos, mas que segundo me fora dito tinha boa experiência para deixar a comunicação fluir.

Pouco a pouco me aproximei dele e comecei a me ligar mentalmente, ficando maravilhado ao perceber que meus pensamentos eram transmitidos diretamente por ele. Começou o trabalho e logo tocou o ponto de Exu. Não sei explicar exatamente o que senti quando aquela música começou a tocar, mas rapidamente estava ligado ao médium que agora se movimentava ao meu comando mental e conseguia reproduzir cada gesto meu, cada risada, cada pensamento.

Sentado no chão, o médium ouvia cada consulente que falava sobre as suas aflições, eu pensava na resposta e esta era reproduzida por ele. Confesso que não integralmente, pois ele adaptava ao seu próprio linguajar algumas palavras que intuía, sem que isso alterasse significativamente o conteúdo da mensagem.

Um dos consulentes da noite me chamou especial atenção, pois estava completamente perturbado. Percebi que estava envolvido por entidades inferiores que o obsidiavam de todas as maneiras, entidades estas que foram enviadas a ele por sua parceira, que pretendia destruí-lo e ficar com todas as suas coisas. Há meses havia se apaixonado por outra pessoa, e o amor que julgava sentir por ele no começo da relação transformara-se rapidamente em ódio. Porém, o rapaz tinha muita proteção e foi intuído a procurar a Casa e conversar com um dos Exus que ali trabalhavam.

Enquanto contava seu drama, pude rapidamente me deslocar mentalmente até a sua casa e perceber que a sua mulher estava com outro homem e confabulava que logo estaria livre para ficar com ele, pois havia feito uma promessa para que o relacionamento fosse desfeito. Seu olhar enquanto falava era de ódio pelo atual cônjuge.

Mas Exu é de Justiça e, como fui procurado e o rapaz tinha merecimento, teria que intervir. Voltei meu pensamento para o rapaz, intuindo ao médium as palavras certas para dizer e, em paralelo, avancei mentalmente até o outro médium que tinha se prestado a atendê-la e fazer a demanda com a ajuda de entidades menos esclarecidas.

Ao sentir a minha presença pude perceber que o médium, que também era chefe do terreiro, se assustou. Ele não podia me ver, mas sentiu uma presença diferente. Verifiquei como fora feito o trabalho e pude visualizar o momento exato em que ela levou a foto do rapaz, uma camiseta e um óculos para que fossem colocados em uma espécie de oferenda regada com uma quantidade significativa de álcool, velas preta e vermelha, além de um pequeno boneco com uma agulha espetada.

Antes que alguém pense em fazer algo do tipo para uma demanda para outro, quero esclarecer alguns pontos:

*O material usado pouco importa, a não ser pela atratividade visual dos espíritos que estão ligados àquele trabalho e da mulher que o solicitara.*

*A parte central do trabalho era o pensamento destrutivo da mulher que havia solicitado o trabalho somado ao pensamento ambicioso do médium que havia cobrado uma quantia em dinheiro, e das entidades que se ligaram para atender o trabalho. Estas entidades se autodenominavam Exus, mas posso garantir que de Exu não tinham nada.*

*O rapaz vítima da demanda só estava sendo atingido por ela pois se ligava mentalmente à vibração por conta do stress a que se submetia ao não vigiar seus pensamentos, sendo que, por vezes, buscava encontrar prova da infidelidade de sua mulher, coisa que o estava deixando quase louco.*

Sem esses pontos a demanda não o estaria atingindo. Porém, tinha merecimento por muita coisa boa que havia feito em sua vida e isso fez com que fosse intuído a procurar a Casa umbandista naquela noite para que fosse auxiliado.

Usando meus conhecimentos de magia, e graças ao merecimento do rapaz, pude desmanchar o trabalho feito, acabando com todo o fluído mental que o envolvia e levando as entidades que o assombravam para um local onde teriam muito com o que se ocupar e não ousariam sair para prejudicar a quem quer que fosse.

Claro que o rapaz ainda teria o desafio de se livrar de um relacionamento em que a parceira só queria prejudicá-lo, mas isto era algo que deveria fazer por si próprio, usando do livre-arbítrio para tomar a melhor decisão. Mesmo sentindo que teria dificuldade para tomar essa decisão, dado que gostava verdadeiramente dela, não poderia jamais interferir em seu livre-arbítrio e o que fiz naquela noite foi somente aconselhá-lo.

Dez atendimentos foram realizados, no total. Findado o trabalho, me desliguei do médium que saiu de lá extenuado dada a quantidade de fluídos que cedeu para o trabalho, mas amplamente gratificado pelo atendimento prestado. Confesso que simpatizei com ele e estaria pronto para auxiliá-lo sempre que necessário para que jamais desistisse do trabalho.

Saí do Centro e ainda passei por alguns locais ligados a pessoas que foram atendidas para que pudesse socorrer espíritos que deveriam ser levados do planeta, deixando assim de atrapalhar encarnados.

Aqui devo abrir um pequeno parêntesis. Muitos espíritos, quando desencarnam, acabam ficando no planeta, tal o grau de ligação que têm com a sua vida atual. Em vez de ir para reinos e colônias espirituais, eles ficam ligados às coisas que tinham em vida, sem aceitar o fato de que desencarnaram e que agora devem prosseguir em outro local. Essa situação pode perdurar por muitos e muitos anos em alguns casos.

Após finalizar as visitas, retornei ao Sétimo Reino. Ao chegar lá, me surpreendeu a presença do Mago Sete estrelas que ali estava para me alertar de algo.

# Perigo eminente

O Sétimo Reino sempre foi um Trono muito visado e disputado. Isso dado a sua localização estratégica bem avançada nas regiões trevosas, fazendo com que a partir dele fosse fácil o acesso às regiões mais inferiores.

Dominá-lo era algo que os principais líderes trevosos já haviam tentado em diversos momentos. Porém, com o tempo, as defesas do Reino passaram a ser suficientes para coibir qualquer tentativa de invasão, o que trouxe certa tranquilidade para seus Regentes.

No entanto, a notícia naquele dia não era nada boa. Nas Trevas, um líder muito arraigado no Mal havia conseguido reunir um exército verdadeiramente grande e planejava fazer um ataque ao Sétimo Reino para dominá-lo, e na sequência conquistar outros Reinos e acabar com a influência dos Exus na região, dando início a uma nova dinastia do Mal, com a criação de locais especialmente concebidos para treinar espíritos endurecidos, fazendo com que se tornem propagadores de todo tipo de maldade.

Mesmo tendo boas defesas não era possível afirmar se resistiríamos a um ataque de tal magnitude, mas meu amigo Mago Sete Estrelas estava ali com a incumbência de nos auxiliar a resistir e, se fosse preciso, o próprio Exu Tranca Rua estaria ali para reforçar nossas defesas.

    Infelizmente tínhamos pouco tempo para nos preparar, pois segundo o que nos disse Mago Sete Estrelas, em no máximo 24 horas do planeta eles chegariam até lá. Além de manter a defesa em prontidão para afastar tentativas de invasão, Sete Estrelas me preveniu de que seria desafiado pelo líder do Mal e teria que tomar as decisões corretas para manter em resguardo o Reino. Naquele desafio ninguém poderia me auxiliar, nem mesmo o Senhor Tranca Rua e, portanto, teria que encontrar os caminhos corretos para que não sucumbisse.

    – Lembra-te dos testes pelos quais teve que passar durante o treinamento que te ofereci em meu reino? – perguntou o Mago.

    – Sim, como poderia me esquecer?

    – Pois bem, agora o que receberá é ainda pior. Não somente serás tentado, mas terás que provar ter conhecimentos de magia suficientes para derrotá-lo.

    Assentindo com a cabeça em agradecimento aos conselhos recebidos, optei por me dirigir ao descanso para que pudesse estar completamente preparado quando o inimigo se aproximasse. Convidei Mago Sete Estrelas para que fizesse o mesmo.

# A Batalha contra o Mal

Uma hora terrestre fora o suficiente para o meu descanso. Despertei e, intuído por uma voz que não saía da cabeça, chamei Mago Sete Estrelas para me aconselhar.

— Mago, penso que o melhor é adiantarmos nossa defesa e ir ao encontro dos nossos inimigos, fora do nosso Reino. Imagino que poderíamos pegá-los desprevenidos e a chances poderiam ser maiores. O que pensa sobre isso?

— Não acreditas que em menor número poderíamos ser derrotados e que nossas chances seriam maiores aqui com todo o Reino a proteger-nos?

— Penso o contrário. Acredito que seria fácil para eles angariar simpatia de alguns espíritos trevosos que aqui se encontram, e que facilmente mudariam de lado se percebessem que receberiam apoio integral a suas piores tendências. Estes espíritos esperam somente um sinal para se voltar novamente ao Mal e, certamente, se sentissem que isso seria possível, poderiam juntar-se ao inimigo.

— Pois bem, essa é uma decisão que deve tomar sozinho, usando seu bom senso e intuição. Se assim pensas, vamos ao encontro deles.

Em pouco tempo reuni meus principais colaboradores e fomos ao encontro do inimigo. Em outros tempos ficaria temeroso, imaginaria que estava indo a uma armadilha ou algo do tipo. Mas realmente algo dentro de mim havia mudado e agora me senti com a força dos Exus, que não temem nada, que lutam por aquilo que acreditam, desde que estejam do lado da Justiça, da Verdade e da Luz.

Nas Trevas, o melhor é se locomover por meio da caminhada para não despertar mais inimigos. Não era comum alguém desafiar um Exu que caminhasse por aquelas regiões, pois todos sabiam da reputação dos Exus, de sua autoridade moral e de que eram Senhores das Trevas, mas não era bom mostrar poderes especiais como a levitação, coisa que certamente nos colocaria em evidência em um local em que discrição é tudo.

Andamos por algumas horas até avistar o inimigo e seu exército. Neste momento tomei a frente, deixando meus colaboradores e o Mago há alguns metros de distância. Surpreendido, meu inimigo fez o mesmo.

– Quem és tu e o que queres? – perguntei ao me aproximar da entidade trevosa.

– Nada menos do que o teu Reino. Venho de um tempo em que não existiam Exus e que fazíamos as nossas próprias Leis por aqui. Não havia ninguém para nos dizer o que fazer e o que não fazer, não havia agrupamento em Reinos, nada disso. Éramos livres para fazer o que bem entendêssemos. Se não éramos bem-vindos nas regiões de Luz ou em locais inferiores de expiação, tínhamos aqui o nosso local onde os Maus se davam com o Maus, onde não havia inocentes, local este em que podíamos fazer o que quiséssemos, onde a Luz não ousava interferir. Eu fui proibido de reencarnar, pois temem o que posso fazer. Fui preso por inimigos, sofri as maiores atrocidades, mas resisti, me fortaleci e me vinguei de cada um deles. Ganhei o temor e respeito dos que me acompanhavam e não posso aceitar que Exus se achem melhores do que nós, que invadam meus domínios, estabeleçam zonas de influência e ditem suas próprias Leis. O que quero é que simplesmente me devolva o que é meu de direito, somente isso, e se não o fizer será completamente destruído. Conheço todo tipo de magia, o suficiente para derrotar qualquer um e, até onde sei, seu reinado começou há pouco tempo e certamente ainda não tem conhecimento e nem poder suficiente para me desafiar. Portanto, para o seu próprio bem, me entregue o Reino para que estabeleça minha base ali. Pouparei aqueles que ali estão do sofrimento que poderia lhes infligir. Saia da minha frente ou será esmagado.

– Queres, por ventura, tirar a única oportunidade que esses seres têm de, em algum momento, seguir a Luz, retornando ao Criador?

Antes que pudesse responder, continuei.

– O que queres, na verdade, não é a liberdade do mau ser mau, e sim queres tirar-lhes a esperança que já sente ser tão distante para você. Sua sede de dominação não tem limite. Imagina que sem os Exus para te atrapalhar, poderia dominar a todos e criar seu próprio mundo de terror, recrutando muitos para cometer atrocidades ao reencarnarem como você gostaria de fazer. Por certo me toma como tolo com seu discurso de liberdade.

– Te dei a oportunidade de preservar sua dignidade, e, se não quer, terá agora amostra do meu poder.

Ao ouvir aquelas palavras, senti uma espécie de tontura e tudo começou a girar em torno de mim. Sabia que alguma magia havia me sido endereçada, mas antes de qualquer reação, lembrei das palavras do Mago quando disse que havia algumas coisas que teria que enfrentar diretamente.

Eu ouvia muitas vozes na minha cabeça e via a imagem do Ser trevoso onde quer que olhasse. De repente senti uma lança me transpassar e fui transportado para um passado que julgava distante. Senti exatamente a mesma dor de quando o inimigo havia me ferido mortalmente em minha última encarnação.

Por um tempo deixei de saber quem era, para voltar a ser aquele mesmo Bento. Em meio à sensação de dor e sangue comecei a procurar meu inimigo para me vingar.

Avistei o rosto do inimigo sorrindo sarcasticamente e tentei ir ao seu encontro, mas a cada movimento meu, nova lança transpassava meu corpo etéreo. A dor era insuportável e estava sucumbindo.

Caí no chão e bati com a cabeça, conseguindo ver o sangue que escorria. Era um guerreiro que estava sendo vergonhosamente derrotado. Olhei a poça de sangue e me vi refletido nela.

Tentei me levantar e senti uma lança transpassar minha cabeça. A dor foi insuportável e mais uma vez caí. No chão, completamente envolvido por uma poça de sangue, avistei um tridente e naquele momento o nome Exu das Setes Encruzilhadas veio forte à minha lembrança.

No segundo seguinte me levantei e a dor e o sangue passaram, olhei para meu inimigo que se divertia com a minha reação perante a magia que havia me enviado.

– Pois bem, é magia que tu quer? É magia que terá.

Antes que pudesse dizer qualquer coisa, entrei em sua mente e pude perceber que, na sua última encarnação, ele havia sido enterrado vivo, como vingança pelas atrocidades que havia cometido. Envolvi sua mente e ele começou a se sentir em uma cova com a terra a envolver sua cabeça e seu corpo.

Agora quem gritava era ele e não mais eu. Havia descoberto seu trauma e usava a magia para que acreditasse que estava passando novamente por aquela situação. Consegui perceber que aqueles que o acompanhavam tinham o olhar fixo e assustado ao ver seu líder gritar e chorar ao relembrar a situação que mais lhe causava pânico.

– Queres acabar com essa situação? É muito fácil! Desista do que estava pretendendo e saia daqui, ordenei.

Mas ele continuava em desespero e não parecia disposto a ceder. Foi quando, auxiliado pelo Mago Sete Estrelas, passei a envolver a todos que seguiam seu líder. Em pouco tempo pude perceber qual era o maior medo de cada um e fiz com que este se materializasse nas suas mentes.

Aproveitando o momento de fraqueza deles, conseguimos prender todos e os levamos arrastados, e ainda envolvidos sob a magia, para a prisão dentro do meu reino.

O perigo parecia cessado e acreditávamos ter vencido a batalha. Mago Sete Estrelas se despediu de nós dizendo que ficaria de prontidão caso houvesse novos perigos. Antes de partir, contudo, disse:

– Você provou ser digno do nome Exu das Sete Encruzilhadas, conseguiu escapar da investida do Mal sobre o seu maior pânico e devolveu a mesma magia para seu algoz, que acabou sucumbido. Mas esse espírito trevoso é muito forte e certamente não se deu por vencido. Lembre-se de mantê-lo sob constante vigilância, pois agora ele está dentro do seu reino; aprisionado ou não, ainda pode representar perigo.

Agradeci o conselho, me despedi e fiquei a meditar sob o ensinamento daquele dia.

# Um novo dia

Traumas, medos e aflições são usados para atingir aqueles que são vítimas de magias e trabalhos espirituais. Em geral busca-se atingir o ponto fraco daquele que é objeto do trabalho. Por isso é fundamental vigiar, conhecer nossos pontos fracos e buscar transformá-los.

Só pude atingir novo estado de consciência, conhecimento, equilíbrio e força espiritual quando fiquei frente a frente com meu maior trauma e o enfrentei.

Cada um, independentemente do grau de evolução, foi ou será um dia confrontado com seus maiores temores para que possa ser testado e, caso o supere, passar para um novo estado de evolução. Sem esse teste, os inimigos, que o conhecem bem, poderão a qualquer tempo usar esta fraqueza para trazer desequilíbrio e queda para o espírito que busca evoluir.

Havia aprendido uma grande lição e me livrado de vez do temor que ainda me prendia a uma encarnação. Agora me sentia livre como nunca antes. Havia deixado no passado tudo o que ocorreu e eliminado completamente dentro de mim qualquer desejo de vingança. Estava pronto para proteger meu Reino e manter todos aqui em segurança.

De quebra, me fortaleci para o trabalho de auxílio e socorro que estava empreendendo no planeta e na espiritualidade. Havia entendido o grande segredo dos Exus, que é buscar eliminar dentro de si os medos que paralisam e vigiar para que nada exterior os atinja, criando um campo de vibração positiva sobre eles e sobre aqueles aos quais estão protegendo. Se estes, por sua vez, conseguirem enfrentar e superar seus temores, nada mais poderá derrubá-los. Enfrentar estes medos exige coragem de mudar o padrão de comportamento, para só assim ganhar a consciência do ser cósmico, da energia maior que é parte do todo. Sem exceção, todos somos formados por fontes de energia que podem ser canalizadas para qualquer objetivo que tenha como foco a evolução do espírito enquanto energia transformadora.

O medo não deixa evoluir e torna o ser vulnerável a todo tipo de influência negativa, pois muitos espíritos tentam influenciar encarnados e desencarnados e, para isso, se utilizam quase que exclusivamente dos temores internos deles.

O segundo grande segredo dos Exus está ligado ao primeiro. A mente é fonte inesgotável de criação e atração. Quando se pensa no seu medo, aquela situação temerária começa a ser atraída pela energia dispensada. Assim, aquilo que mais teme tende a se tornar realidade, pois uma energia foi enviada ao Todo e será recebida de volta, materializando o pensamento direcionado. Da mesma maneira, o pensamento positivo e a crença genuína trarão a materialização da situação ou objeto desejado.

Juntando-se a isso vem o fator principal que é o merecimento. Tudo é ação e reação. Aquele que faz o bem recebe o bem e a proteção contra o mal. Aquele que pratica o mal fica também a mercê do mal. Semelhante atrai semelhante, sempre.

E, mais do que isso, nada, absolutamente nada, acontece sem que o Pai Maior o saiba e permita para que seus filhos possam evoluir, depurando a energia que representam para que esta forme ramificações da Obra Divina.

Estava completamente maravilhado com minhas novas descobertas e todo o ensinamento que havia recebido naquela situação; pensava também na sabedoria divina que se utilizou de um inimigo para me trazer nova lição que, se fosse aprendida somente na teoria, não teria a mesma absorção. Daí concluí que tudo faz parte da Grande Obra Divina, que nada se perde, e até o Mal é usado para trazer lições que guiem no caminho do Bem.

Para auxiliar nas minhas observações, caminhei pelo Reino prestando atenção em cada um dos que ali estavam e, ao ter acesso às suas mentes perturbadas por longo tempo de exercício do Mal, pude então compreender mais claramente que os medos que tinham foram motivadores das quedas, que a percepção equivocada sobre a realidade fez com que atraíssem somente negatividade e que a Lei de causa e efeito havia ligado muitos a acontecimentos terríveis, ligação essa que só poderia ser quebrada com a alteração do padrão mental. Um deles, porém, me chamou a atenção em particular.

# O intrigante novo caso

A princípio parecia se tratar de mais um caso de espírito ainda enraizado no Mal que vagava no Sétimo Trono. Porém, muito rapidamente pude notar que aquele espírito tinha algo diferente, possuindo um conhecimento que pôde ser acessado ao penetrar em seu campo mental. Diferentemente do que imaginava pela imagem de maltrapilho, estava a minha frente um espírito com profundo conhecimento das letras, da filosofia, das leis de causa e efeito, da teologia, e que em outra existência havia sido muito influente no campo da religião e, apesar de todo conhecimento armazenado em seu espírito, também era portador de enormes manchas negras que marcam cada canto do seu corpo espiritual deformado.

Intrigado, resolvi examinar mais de perto, entrando em seu campo mental e buscando me conectar às experiências passadas deste espírito. Pude verificar com enorme assombro se tratar de um dos maiores nomes da religião de seu tempo, um ser que era seguido por incontável número de pessoas que buscavam absorver e colocar em prática todas as suas palavras.

Constatei que havia sido enviado ao planeta em grande missão espiritual. Com todo o seu conhecimento, parecia ser o espírito ideal para cumprir a missão de dirigir e apresentar ao mundo profundos conhecimentos sobre a vida espiritual.

Se não bastasse seu conhecimento ímpar, ele ainda era dotado de uma poderosa mediunidade que permitia ter acesso a profecias e a visualizar com riqueza de detalhes acontecimentos futuros.

Com todo esse conhecimento e dom, sua fama se espalhou rapidamente por todos os cantos. Porém, o poder seduz. Nutrindo internamente uma grande sede de poder, passou a manipular a todos, adaptando o conhecimento que tinha a sua conveniência.

Aos primeiros sinais de oposição, não pensou duas vezes em dizimar todos aqueles que não o seguiam, espalhando o terror pelos quatro cantos do planeta.

Sua sede de poder o deixou cego e, em pouco tempo, se tornou o contrário daquilo a que se propôs divulgar, sendo o responsável por morte, escravidão e todo tipo de crime bárbaro em nome de Deus.

Entre seus legados cruéis, o pior deles foi a ideia de que uma raça é superior a outra, e que o diferente é inferior e deve ser feito de escravo. Assim, um dos religiosos com mais conhecimento foi o principal divulgador e propagador da escravidão.

Desencarnou vitimado de um infarto fulminante e, no plano espiritual, foi recebido por forças trevosas que haviam caído seguindo seus ensinamentos e agora buscavam vingança. Com seu conhecimento, buscou auxílio em uma colônia espiritual de socorro, mas ao tomar contato com sua missão e saber que havia caído tão gravemente, fugiu da colônia e passou a vagar de um canto a outro, sofrendo na mão dos inimigos até que chegasse ao Sétimo Reino, onde pôde ficar a salvo dos seus principais inimigos. Porém, ainda continuava atormentado pela culpa, pelo remorso e, mesmo com todo conhecimento que possui, não consegue continuar sua caminhada evolutiva.

Tomado pela esperança de poder fazer algo por aquela alma devastada, me aproximei e falei.

– Não tive como não o observar e acredito que chegou a hora de voltar a caminhar.

– Desde quando os Exus se tornaram tolos? – retrucou.

– E desde quando prestar auxílio é tolice?

– Fique longe de mim. Só eu sei o que é melhor para mim. Como já deve ter percebido ao ler minha mente, caí fortemente e estou condenado a permanecer no lodo.

– Tão bem quanto eu, tu sabes que ninguém está condenado a permanecer eternamente no lodo e basta um movimento para que possa retomar o caminho junto à evolução.

– A única coisa que busco é reunir conhecimento suficiente para destruir meu próprio espírito. Não quero mais existir e me sinto condenado a continuar. Preciso me libertar e, para mim, isso significa deixar de existir de uma vez por todas. Se puder me ajudar com isso, será então bem-vinda sua ajuda. Do contrário, peço que não tente me convencer de nada.

— Bem sabes que todos os seres são eternos, que são partes do Pai Maior e, como tal, não podem ser destruídos. Todos recebem das mãos do Pai Maior a oportunidade de reconstruir o que destruíram, refazer os caminhos e fazer novas opções. A cada dia, bem sabes, há uma nova oportunidade e, ao seu autocondenar, está fechando a possibilidade de surgir um ser novo e se mantendo totalmente aprisionado na culpa. Aqui mesmo você tem grandes oportunidade de regeneração. Tenho certeza que a sua ajuda seria de extrema valia para me auxiliar a manter distante falsos mistificadores que podem desviar muitos do caminho de regeneração.

— Mais uma vez suponho que os Exus se tornaram tolos. Não há ninguém em regeneração aqui e todos estão atolados no lodo, buscando somente colocar para fora seus impulsos mais primitivos e a maldade que lhes é inata. E, ainda que houvessem seres em regeneração, o que te faz pensar que eu não seria um novo mistificador? Como bem sabes, já usei de meu conhecimento para derrubar incontáveis seres e certamente não faria diferente. Quando me propõe algo deste tipo, estás colocando todo o reino em perigo e fazes com que eu passe a duvidar do seu conhecimento e capacidade.

— Esqueces que o Pai Maior não abandona ninguém à própria sorte? Por ventura, enquanto não encontra motivação para voltar a caminhar, não teria como auxiliar a alguns que seus ensinamentos ajudaram a derrubar? Não seria essa uma boa maneira de começar a plantar novamente as sementes, que outrora deram maus frutos por conta da sua falta de vigilância?

— Já percebi que não vai parar de falar até que concorde e me parece que, apesar de pedir para escolher, não está me dando opção. Pois bem, Exu, farei o que está me pedindo, mas não se espante se o trair e piorar a condição daqueles que vieram até mim em busca de auxílio. Também não se espante se conspirar contra vós e tomar vosso reino para mim. Saiba que se uma ou outra coisa acontecer a culpa será exclusivamente de vós que não fez juízo de valor acertado. Não penses que sou bom, pois já provei que posso ser muito ruim. Se ainda assim quiser que o ajude, o farei, mas que esteja advertido.

— Eu confio em você e, de hoje em diante, serás meu auxiliar neste Reino.

Encerrei a conversa explicando o que teria que fazer. Algo em mim dizia que havia tomado a decisão correta, mas sabia que se ele se voltasse contra mim, como havia prometido, seria um inimigo poderoso dentro do meu próprio Reino. Esperava não me arrepender da decisão, mas sabia que um Exu jamais pode virar as costas para um ser envolvido pelo sentimento de culpa, sabedor de que o Pai Maior jamais desampara seus filhos.

# Uma energia muito poderosa

As entidades femininas ligadas intimamente à produção e à manipulação da energia sexual ainda continuavam ligadas ao Trono. Deixaram de ser escravas do Regente e passaram a atuar, por livre vontade, como pontos de equilíbrio. Com seu convívio, muito pude aprender sobre o poder da energia sexual e entender por que muitos caem por desvios no campo sexual. Descobri, por exemplo, que o encontro de almas afins em uma relação sexual gera uma energia extraordinária que revigora não só o espírito como também cada célula do corpo físico, quando este está encarnado. Por outro lado, o sexo desregrado produz energia que desequilibra completamente o espírito, trazendo enorme prejuízo para ele.

Aqui nas Trevas a troca de fluído sexual é muito comum e diversas entidades que aqui estão sofrem de enormes distúrbios associados ao centro genésico. Como se trata de espíritos ainda muito apegados à matéria e com períspirito grosseiro, as sensações são muito parecidas com as que tinham quando encarnados – embora a relação sexual se processe de maneira diferente – e, infelizmente, não aprenderam a disciplinar a energia sexual para que ela seja fonte de reequilíbrio e não fonte de todo tipo de escravidão e dor.

Eu, assim como todos os outros aqui, também tinha profundos distúrbios neste campo gerados por encarnações de apego demasiado que resultaram também em profundo desequilíbrio. No meu primeiro contato com as entidades ligadas ao Trono, eu tive pela primeira vez a troca de energia sexual com uma entidade com a qual me afinava perfeitamente e que foi poderosa geradora de energia para que pudesse enfrentar os desafios que viriam a seguir e me sair exitoso.

Lembro-me de que todas as entidades aguçavam e despertavam meu desejo sexual, mas somente uma delas trazia também um sentimento sublime de encantamento e respeito. Minha conjunção com ela trouxe um novo ensinamento sobre a sensação de plenitude que a troca de fluídos sexuais pode criar e decidi que a tomaria como minha parceria em detrimento das demais que estavam ligadas ao Trono, mas não aos meus sentimentos. A ligação delas ao Trono se dava devido à necessidade que tinham de produzir a energia para que fosse usada para fortalecer o Trono. Importante falar que a energia sexual é produzida em diferentes tipos de relações, pois o espírito, quando se eleva, passa a não ter distinção de características claramente masculinas ou femininas, e muitas vezes a energia pode ser gerada pela individualidade sem a necessidade de um parceiro ali. Evidentemente os espíritos que estão nas sombras não têm evolução, então aqui fica muito claro o gênero do espírito, uma vez que eles estão muito ligados às percepções que tinham quando encarnados.

Algumas das entidades ligadas ao Trono também atuam junto a trabalhos espirituais na figura de entidades como pomba-gira. Em diversos momentos tive a oportunidade de presenciar como elas conseguiam manipular a energia gerada pelo centro sexual para auxiliar no equilíbrio de encarnados e até na recomposição de partes extremamente mutiladas do períspirito devido ao mau uso feito da parte sexual.

Contarei uma história que muito me marcou e vocês vão entender o porquê.

*Em um lugar distante no tempo e espaço, existiu um espírito batizado naquela encarnação como Janaina. Era uma mulher muito forte, poderosa, que chegou ao comando do Reino após a morte do seu pai, que era o Monarca. Sua força transcendia a de outras mulheres que tinham que se submeter às vontades masculinas. Mas ela não. Sempre usou de sua aparência e magnetismo para subjugar todos aqueles que se aproximavam dela. Sua intensa vida sexual fora motivo de escândalos, mas ninguém ousava falar nada, já que aparentemente ela contava com a conivência do temido Rei. Após a morte do monarca, ficou ainda mais difícil tecer qualquer comentário sobre a vida promíscua da nova Rainha que constantemente promovia orgias no palácio.*

*Sob o seu duro comando, o Reino só cresceu e ela ganhava cada vez mais apoio da população e do fortalecido exército. Assim, ninguém em sã consciência comentava algo sobre sua vida promíscua.*

*Por anos ela manteve o mesmo comportamento, obrigando quem quer que fosse a satisfazer seus caprichos. Porém, pouco a pouco, ela ia se afundando espiritualmente, pois as orgias que promovia eram recheadas de práticas místicas, magias e oferendas aos deuses, em que virgens eram oferecidas a todos os presentes como troféus para agradar aos deuses, e seus inimigos capturados eram violentados por outros homens para colocá-los em situação completa de submissão. As jovens oferecidas eram cada vez mais novas e, muitas vezes, eram tão humilhadas que ficavam para sempre em grande estado de loucura.*

*Seu principal amante era o comandante do exército e ele tratava pessoalmente de garantir todos os caprichos da governante. Porém, certo dia, ela foi acometida de grave enfermidade e de nada adiantou todas as oferendas e sacrifícios, pois seu estado piorou muito rápido. Em pouco tempo, ela desencarnou, achando que os deuses a abandonaram; sem consciência da passagem para outro plano, julgava que ficara louca e que fora traída por seus súditos.*

*Passaria então a tentar se vingar de todos, obsidiando, manipulando mentes e fazendo com que seus principais aliados se tornassem escravos dos pen-*

*samentos que ela emanava e eles captavam, pensamentos estes que não tinham limites para a maldade. Se tornou uma entidade muito poderosa a serviço do mal e, junto a ela, reuniu parte daqueles que não conseguiam resistir a seus encantos enquanto encarnados. Entendeu seu novo estado de desencarnada e passou a se nutrir das energias sexuais de encarnados, manipulando suas mentes para que participassem das mais degradantes orgias e para que se tornassem escravos dos desejos sexuais que ela os incutia. Sua ação não distinguia gênero, atingindo igualmente homens e mulheres. O poderoso exército do Reino, influenciado por seus pensamentos que atingiam diretamente seus principais líderes, passou a usar a violência sexual como ferramenta de guerra para propagar o medo, oprimir e subjugar os mais fracos.*

*Mas sua influência maligna se estendeu para muito além do seu Reino e passou a ser uma das entidades mais temidas das Trevas. Poderosa, não havia limites para suas maldades e aqueles que cruzassem seu caminho eram facilmente conduzidos a um estado de loucura que fazia com que não tivessem mais comando sob seus atos, sendo completamente guiados por sua mente. Ela se tornou muito hábil em identificar o ponto fraco de todos e em usá-los para subjugar.*

*Nas Trevas encontrou campo fértil para semear o terror, pois lidava com mentes naturalmente já perturbadas e que, envolvidas por sua energia e magnetismo, eram capazes de praticar os mais impensados desvarios.*

*No outro plano, passou a ser cultuada como deusa, recebendo pedidos em troca de oferendas e, em pouco tempo, estes mesmos encarnados que faziam pedidos passavam a ser fascinados por sua ação, cultuando a sua existência como de uma deusa muito poderosa que nunca poderia ser contrariada. Em seu nome, muitos crimes bárbaros foram praticados.*

*Preocupados com a sua atuação perversa, que parecia não ter limite, as entidades de luz se reuniram para deliberar sob o que poderiam fazer para reduzir a sua influência, pois ela não só estava sendo instrumento de educação punitiva para aqueles que cometeram o mal, mas também estava sendo motivo de queda de espíritos que buscavam evoluir, mas que não conseguiram resistir à influência poderosa das energias sexuais que manipulava com destreza nunca antes vista.*

*Ela havia de ser parada. Porém, para a missão não poderia ser designado qualquer espírito, uma vez que, por mais elevado que fosse, teria que ser uma entidade que conhecesse, em todas as sutilezas, o poder das trevas, e que se sentisse à vontade junto ao lodo, pois ela jamais poderia perceber que se tratava de uma entidade de luz. Quem melhor do que um Exu para apagar sua luz e se fazer igual enquanto age nas sombras? Quem mais sério, correto e leal do que um Exu para agir neste caso? Mas também não poderia ser qualquer Exu, teria que ser uma entidade muito experiente e, para tal, o escolhido foi O Senhor Tranca Rua. Chamado a dialogar com as entidades de luz, Exu aceitou a missão e partiu em direção à entidade que estava provocando tanto estrago e sendo motivo de queda para tantos.*

*Na sua sabedoria, Exu Tranca Rua buscou inicialmente ganhar a confiança da entidade, já que combater diretamente um inimigo poderoso resulta sempre em muitos efeitos ruins e indesejados. Para enfrentar um inimigo, nada melhor do que estudá-lo, tentar ganhar-lhe a confiança e só então dissuadi-lo do caminho que está tomando. E foi isso que Seu Tranca Rua fez...*

*Ao se aproximar da entidade, ele pode entender o tamanho do seu poder, pois verificou o quanto ela rapidamente começou a entrar no seu campo mental, buscando envolvê-lo e ter contato com seus medos e desejos mais escondidos. Astuto, ele forjou seu campo mental de maneira que parecesse como um ser escravizado pelo desejo sexual.*

*— Venha até mim e realize seus desejos mais secretos.*

*Foi essa a primeira frase que ouviu ao contato com a poderosa entidade. Sua aparência não era bela, mas, ainda assim, o desejo que ele percebia crescer dentro de si era o de tê-la a qualquer custo e* ceder a qualquer capricho ou desejo que ela tivesse. Apesar de alertado, jamais poderia imaginar encontrar um ser com tal poder mental e ao qual seria tão difícil resistir.

 Seu Tranca Rua sabia que sua missão seria difícil, mas tinha convicção de que deveria encontrar uma maneira de parar aquela entidade. Buscou então se dirigir de maneira respeitosa à poderosa entidade, não sem vigiar seu pensamento para não deixar se envolver pela entidade.

 – Venho até vós, pois sua fama já chegou muito longe e queria comprovar se tudo o que se fala a vosso respeito é verdade.

 – E agora que me conhece, o que me dizes?

 – És ainda mais poderosa e encantadora do que poderia supor.

 – Queres conhecer meus encantos?

 – De certo, mas sei que não conseguiria seguir adiante sabendo que não a teria sempre ao meu lado e, por isso, prefiro não me envolver.

 – Tens a noção que és o primeiro ser a me negar, e não por uma repulsa, mas por medo de não me ter novamente?

 – Eu sei que pode parecer estranho, mas não saberia fazer diferente. Porém, gostaria de lhe fazer um convite. Acredito que vosso poder é algo assombroso, que nunca tinha visto igual e, ao vê-la, pensei por que alguém com tanto poder se contentaria em ser apenas senhoras das trevas e de um reino distante. Por ventura não almejas ampliar seus domínios por outros locais?

– Há quais locais se refere?

– Aos Reinos de Luz.

– Eu não sou tola, sei bem que na Luz minha ação não se efetiva.

– Sim, tens razão, a não ser que...

– A não ser o quê?

– Se ao invés de ser motivo de queda passasse a ser motivo de crescimento para o outro, conseguiria ampliar em muito a sua atuação.

– Por acaso me tomas como tola? Aonde quer chegar com essa conversa?

– Quero dizer que podes ser senhora de tudo, que para devotar-lhe obediência o ser não tem que cair, que para usar da energia sexual o ser não precisa se escravizar por ela, que para lhe oferendar algo, o ser não precisa ter caído antes. Vós podeis ser a senhora de todos e hoje escolhe ser de apenas uma parcela de caídos. Me parece um desperdício muito grande, visto tal talento que percebo em vós.

– Quem sóis tu, por acaso um enviado da Luz para me fazer esse convite?

– Desculpe-me se não me apresentei: sou Exu Tranca Ruas. Acredito que já devas ter ouvido falar sobre mim. Sou uma entidade poderosa, mas nada *que se compare a vós. Sei que podes muito mais do que fazes.*

*– E por que Exu Tranca Rua queres me ajudar a ser senhora de tudo?*

*– Sei bem que és muito poderosa, mas sei também que, atuando nas sombras, em breve haverá outras entidades com poder próximo a vós, pois o mal sempre acha campo fértil para crescer.*

*– Porém, com seu conhecimento e agindo junto com os emissários da luz, podes limitar o desenvolvimento dessas outras entidades e assim ser a única senhora a dominar o conhecimento sob a magia sexual.*

*– E o que farei com todos aqueles que me seguem?*

*– Eles continuarão a seguir, pois sabem de vosso poder, e que ele não está relacionado ao lado que atua e sim a vossa própria atuação.*

*– Eu também já estive em vossa posição, ainda que com muito menos poder, e decidi que do outro lado teria muito mais força. Por isso, venho lhe fazer o convite para que liberte aqueles que estão sob vosso domínio e se torne uma entidade Pomba-gira, estendendo seu domínio para muito além do que possa imaginar e fazendo com que as mais diferentes entidades venham até vós por livre vontade, a fim de receber vossa proteção, vossa magia, vossa energia e vossos conhecimentos.*

*– Vejo que és muito sedutor com as palavras, quase tanto como eu.*

*– Não tens nada a perder. Vosso poder continuará o mesmo onde estiver. Porém, o conhecimento a que terá acesso é muito maior do que possas imaginar e pouco a pouco entenderá isso.*

*À distância, seres de luz acompanhavam a conversa entre as entidades e puderam observar no momento em que a entidade concordou em seguir com Exu Tranca Rua para que recebesse todo o conhecimento em seu reino e depois pudesse atuar como representante da luz também, não sem antes passar por todo o treino que certamente faria com que a entidade pudesse tomar contato com todo o mal que fez e entendesse a oportunidade não como a de estender os seus domínios, mas sim como redentora. Apesar de muitas vezes terem dificuldade para entender os métodos dos Exus, não havia dúvida de que ele havia obtido enorme êxito em uma missão extremamente difícil e sem precisar de nada além das suas palavras. Definitivamente, Seu Tranca Rua tinha o dom do convencimento.*

Todo mundo tem uma história e, na quase totalidade das vezes, não feita somente de coisas positivas. Porém, o que importa não é nunca cair, mas sim se levantar e encontrar o melhor caminho a trilhar.

Muito tempo depois dessa história ter se passado, eu tive a oportunidade de conhecer a senhora Pomba-gira, que agora atuava redimida junto ao auxílio de entidades transviadas.

Dos tempos antigos só conservara o poder de sedução, mas que hoje era usado visando o Bem. Havia encontrado na Luz a redenção de seus débitos, mas decidiu que atuaria nas Trevas, onde teria campo para auxiliar aqueles que estavam caindo.

Ela agora era minha companheira nos trabalhos aqui. Depois de exercer o trabalho redentor nas regiões trevosas e de ter novas experiências em encarnações, ela se vinculou a este Reino e foi aquela que despertou em mim não só atração, mas também sentimento. Não só se tornou minha companheira, mas presença fundamental para que conseguisse realizar a minha missão.

# Ritual macabro

A mística sobre o trabalho dos Exus sempre existiu e não são poucos os que acreditam na existência de rituais, obrigações e entregas, que segundo estes seriam um verdadeiro comércio praticado pelos Exus para que demandas e pedidos sejam atendidos. Mas não é assim que funciona.

Exus não são mercadores, não vendem favores e nem se prestam a fazer algo que possa prejudicar alguém, só fazendo o bem. Ajudam a quem tem merecimento e destes esperam somente gratidão e respeito.

Quando uma entidade se presta a atender algum pedido que prejudique outrem, esta certamente é um espírito qualquer que está se fazendo passar por Exu, e que tenta transformar a fé em comércio, seduzindo aqueles que buscam seus trabalhos e explorando aqueles que creem que representam o único caminho para a obtenção do que buscam. Estes, seduzidos pela ideia de obtenção de tudo o que desejam, se lançam em pactos macabros que os tornam grandes devedores perante as Leis divinas.

Esses pactos são firmados, como dito, com entidades trevosas sem nenhuma elevação e que se aproveitam da ingenuidade para propor-lhes as mais variadas obrigações. Por outras vezes, são entidades com até algum conhecimento, mas sem evolução moral alguma e que cobram um preço muito alto por seus préstimos, fazendo com que aqueles que lhes compram o favor se tornem verdadeiros escravos dos seus desejos. São, em geral, seres que se utilizam de enorme artimanha para conquistar tudo o que desejam.

Enfrentá-los e desmanchar seus trabalhos nem sempre é simples, dado o grau de envolvimento que criam com aqueles encarnados que lhes pedem favores. Estes encarnados acabam criando uma barreira mental, uma vez que vibram e creem piamente nos Espíritos trevosos, tendo a certeza de que seus pedidos serão completamente atendidos. Com o pensamento, involuntariamente, acabam protegendo as entidades trevosas e seus trabalhos.

Em linhas gerais, quando um encarnado solicita algo que prejudique a outrem e se oferece para fazer tudo que a entidade quiser em troca daquele favor, ele está criando um campo mental vibratório que envolve inicialmente aquele que será prejudicado, buscando reduzir sua vibração para que fique mais suscetível a ação daquele trabalho.

Ainda que este vibre positivamente, mantendo seu campo mental afastado das investidas das trevas, por vezes são usadas pessoas próximas a ele e que não têm a mesma vibração positiva para que possam perturbá-lo e assim abrir seu campo para que as investidas trevosas tenham êxito.

Por vezes são envolvidos muitos espíritos arraigados no Mal que estudam seu alvo e encostam nele, visando provocar as sensações desejadas. Se este não contar com proteção espiritual por meio do merecimento gerado pela prática do Bem, será influenciado negativamente por estes espíritos.

Assim, um trabalho só tem êxito quando aquele que o recebe está com o campo vibratório ruim, sem vigiar o pensamento e deixando-se facilmente envolver por energias negativas.

No trabalho que abracei foram inúmeras as vezes em que tive que atuar junto a entidades inferiores que obsidiavam encarnados, exigindo deles as mais variadas oferendas. Destes, um caso em especial me chamou muito a atenção.

Ainda que façamos vigilância aqui no Sétimo Reino, muitas vezes alguns dos que aqui se encontram conseguem contato com o plano material. De certo eles não têm autorização para sair de Trevas e ir para colônias espirituais com espíritos menos devedores perante a Lei Maior. Porém, mesmo com essa barreira imposta, muitos do que aqui se encontram buscam constantemente maneiras de tentar escapar. Ainda que até hoje não saiba de nenhum caso de espírito que tenha conseguido sair, alguns já encontraram uma maneira de interceder junto ao plano material sem precisar sair daqui.

São entidades muito cultas que caíram terrivelmente no Mal, mas que descobriram que mentalmente podiam agir em diferentes planos desde que, para isso, encontrem sintonia com entidades que estão fora de Trevas ou mesmo com encarnados que ainda veneram o legado de terror que deixaram em suas vidas passadas.

Certa feita, um grupo, formado por quatro entidades muito conhecedoras de magia e que foram acolhidas por mim depois de padecerem nas mãos dos inimigos, tramou para disseminar um rastro de horror no plano material. Estas entidades, antes de ficarem agradecidas por serem recebidas em um local em que o sofrimento seria muito menor do que o que estavam recebendo até então, buscaram sintonizar com entidades que estavam no Umbral e que, quando encarnadas, eram muito próximas a eles. Ao ser estabelecida a comunicação mental com este grupo, as entidades Umbralinas foram influenciadas e intuídas a sair do Umbral e voltar para o plano material. Estando no Orbe, mantiveram-se sintonizadas com as Entidades e passaram a ser dirigidas mentalmente por estas.

Até hoje não consigo acreditar que elas fizeram isso aqui, literalmente embaixo do meu nariz. Lembro-me que ao descobrir fiquei um tempo a meditar sobre a minha capacidade de dirigir tal Reino, no que fui prontamente assessorado pela Espiritualidade Maior que me mostrou que, apesar de não desejável, coisas deste tipo poderiam acontecer e que minha missão maior era de abrigar aquelas Entidades ali, vigiando para que possam lentamente quebrar toda a casca que construíram em volta delas e que permitia que ainda se mantivessem arraigadas no Mal.

De posse das mentes destas entidades Umbralinas, agora atuando no Orbe, intuíram que se aproximassem de um grupo de encarnados que já tinha forte tendência ao Mal, tendo já praticado crimes e atuado em trabalhos de magia visando prejudicar o outro.

A sintonia entre encarnados e desencarnados foi imediata e, em pouco tempo, os primeiros já haviam, por intuição recebida, montado uma Casa Umbandista, em que o objetivo era render culto às entidades que estavam nas Trevas e que agora se travestiam com nomes de Exus reverenciados.

A fama da Casa se espalhou rapidamente, pois os primeiros que lá estiverem conseguiram o que buscavam que, via de regra, era se vingar contra algo que outro encarnado havia feito. Claro que, para isso, aqueles que estavam pedindo assumiam obrigações e compromissos com as entidades que ali atuavam.

Com o tempo, todos aqueles que se predispuseram a fazer um pacto com as Entidades tiveram suas demandas atendidas por meio da atuação ostensiva das entidades Umbralinas, dos médiuns e das entidades trevosas que viviam aqui no meio Reino.

Pouco a pouco, as obrigações que eram exigidas passaram a ser cada vez maiores, migrando de oferendas como a entrega de animais por rituais de magia envolvendo encarnados que, muitas vezes, tinham suas vidas ceifadas e eram entregues como oferenda às entidades trevosas.

Claro que ninguém é vítima impune e os que eram assassinados nestes rituais estavam ali para que se cumprisse a Lei de Causa e Efeito, ou seja, estavam penalizados para que pudessem aprender e não repetir crimes que haviam praticado no passado, mas antes que alguém pense que as entidades nada mais eram do que justiceiras, devo avisar que ninguém tem autorização para fazer o Mal e muito menos tirar a vida de outrem. Todos que ali estavam envolvidos terão que responder perante a Lei Maior pelos crimes que ali cometeram.

Quando a atuação da Casa começou a se expandir perigosamente, a Espiritualidade Maior buscou uma maneira de acabar com aquele trabalho de magia que já envolvia direta e indiretamente centenas de pessoas e não parava de crescer. Nem preciso dizer que logo chegaram até aqueles que eram os responsáveis pelo que estava acontecendo.

Conhecedores do fato, eles buscaram alguém que já estivesse acostumado a atuar em Trevas e então fui convidado para me dirigir a planos superiores.

Jamais anteriormente havia deixado Trevas senão para atuar junto ao Orbe, pois quando tive a possibilidade de conhecer outras colônias Umbralinas e mesmo colônias mais evoluídas, decidi que queria continuar atuando aqui, e que abraçaria a missão de trazer um pouco de luz para as Trevas.

Com o trabalho absorvendo todo o tempo, conhecer outras colônias havia deixado de fazer parte da minha pauta de realizações, mas agora havia sido chamado para ir até planos superiores sem saber o motivo, e só pedia mentalmente para que pudesse continuar com a minha missão em Trevas, já que acreditava que poderia contribuir ainda por ali.

## O SENHOR DO SÉTIMO TRONO

Confesso que também tinha muita curiosidade para conhecer zonas superiores e, ao convite, respondi prontamente que me dirigiria até lá. Dada a urgência, volitei ao plano maior sobrevoando boa parte de Trevas, mesmo sabendo que não era nem de longe o melhor modo para me locomover por lá, visto que poderia chamar a atenção de muitos espíritos inferiores que ali estavam. Apesar da velocidade de volitação ser muito rápida, percorrendo enorme distância em poucos segundos, tive a oportunidade de rever locais pelos quais havia caminhado, sobrevoei outros reinos trevosos, a região do vale e do vulcão que circunda trevas. Pude perceber que a população de Trevas parecia aumentar exponencialmente, dada a quantidade de espíritos que avistava, muitos, inclusive, brigando por espaço para se alojarem.

Após poucos segundos eu já estava sobrevoando o Umbral e lá pude perceber a diferença do ar que, mesmo sendo bastante pesado, já era menos denso do que aquele que presenciava em Trevas. O ambiente era muito feio, hordas de espíritos caminhavam sem rumo, muitos deles presos por correntes e escravizados junto aos seus algozes. Também pude observar a presença de espíritos socorristas que se faziam visíveis em algumas regiões para espíritos merecedores que recebiam socorro e eram levados para outras colônias espirituais.

Passando o Umbral, sobrevoei, por meio da volitação, mais duas colônias de transição, que apresentavam paisagem totalmente distinta do cinza que era a cor comum em Trevas e no Umbral. Pude avistar rios, pássaros, árvores em uma flora bastante vistosa, e um céu azul, que há muito não via.

Exatamente quinze minutos terrestres após minha saída de Trevas cheguei ao ponto de encontro com os Espíritos mais elevados. Acreditei se tratar de uma espécie de colônia de transição, mas fui informado depois de que se tratava de Alpha, uma região a que os espíritos que estavam em colônias espirituais de transição não tinham acesso. Também fui informado de que espíritos ficavam ali por muito tempo trabalhando em diferentes atividades em prol da espiritualidade maior e que havia, na escala de mundo, locais ainda mais elevados a que eu não teria ainda acesso.

Confesso que fiquei feliz por saber que tinha permissão de chegar até ali, pois não me julgava merecedor. Fui recepcionado por Anísio que me saudou:

– É um prazer recebê-lo aqui. Estamos acompanhando seu trabalho em Trevas e vemos que vem se destacando na seara do Pai Maior, atuando em um local em que poucos querem trabalhar.

– Fico muito agradecido por vossa palavra, e também é um prazer ter contato direto com o irmão e com os demais que aqui se encontram. Porém, acredito que tenham algo muito grave para terem me chamado aqui e que não se trata simplesmente de uma visita de cortesia.

Dito isso, eles me colocaram a par de tudo o que estava acontecendo, mostrando que a origem de todo aquele trabalho do Mal estava sendo o grupo que atuava dentro do meu Reino.

Me mostraram também que, no atual estágio, não adiantava atuar somente junto às entidades que habitavam o Sétimo Reino, prendendo-as e buscando acabar com a sua atuação mental. Tão pouco adiantava agir sobre as entidades Umbralinas ou mesmo somente nos encarnados, teríamos que agir nas três frentes. Em pouco tempo explicaram o plano de ação, me despedi agradecendo pela confiança e oportunidade de trabalho, e me pus a caminho do Orbe.

No voo dali até o Orbe, não mais observava a paisagem e me dividia entre a preparação mental para executar o plano e elucubrações sobre o porquê de não ter percebido a atuação deles dentro do Reino, mesmo sabendo que era tarde para me lamentar.

# Perigo no orbe

Minha primeira parada foi no plano material. Cheguei até a Casa de feitiçaria que haviam fundado e fiquei impressionado com o número de pessoas que ali frequentava. Me peguei pensando no quanto as pessoas são ingênuas, orgulhosas, vingativas e, por vezes, ignorantes e ruins. Senti uma certa tristeza com esse pensamento, mesmo sabendo que não é possível fazer generalizações, mas o que via ali era, em geral, pessoas buscando prejudicar outras por meio de magias direcionadas. Impossível não pensar que seria tão melhor se as pessoas buscassem somente o bem do outro. Deste modo, não haveria mais intolerância, crimes, preconceitos e toda sorte de coisas que fazem com que os encarnados se tornem cada vez mais devedores perante a Lei Maior.

Mas não adiantava ficar a me lamentar. Estava ali para agir. Me aproximei dos dirigentes do trabalho e percebi as entidades Umbralinas junto a eles, pude observá-las sem que elas me notassem, pois, como eram espíritos inferiores em Luz, só conseguiam ver espíritos no mesmo padrão vibratório e evolutivo que eles, a não ser que um espírito com mais Luz quisesse se fazer visível, porém ainda não era o momento.

Eu precisaria me passar por um deles e, para isso, era importante estudar seus movimentos por um tempo. Pude acompanhar diversos encarnados se consultando com os dirigentes e estes, mediunizados pelas entidades, preparavam toda a magia necessária para prejudicar os inimigos dos encarnados que ali estavam. Por vezes, me enojava os motivos torpes que faziam com que alguns procurassem a Casa para se vingar de outros, sendo que a lista era extensa, passando por vinganças por término de relacionamento, para se livrar de dívidas, para eliminar adversário em competição profissional, e por aí vai.

Os procedimentos usados e que foram ensinados pelas entidades trevosas em geral eram os mesmos. Trazia-se algum objeto da pessoa, as entidades e os cavalos (médiuns) se concentravam nele, começava a vibrar negativamente envolvendo o objeto, anotando o nome da pessoa e o que era pedido. O solicitante tinha que levar para um local de entrega o objeto juntamente com as anotações e mais alguns itens solicitados, como animais para serem sacrificados, álcool, comidas e outros itens aleatórios. Também era combinado o pagamento em espécie caso a demanda fosse atendida, sob pena da demanda atingir o próprio solicitante, caso este não pagasse.

Porém, havia alguns atendimentos especiais para demandas consideradas mais fortes e me tirou completamente do sério saber que até sacrifícios humanos já foram solicitados em rituais macabros para que alguns pedidos fossem atendidos.

Após todas as observações iniciais, era hora de agir. Me tornei visível, assumindo uma forma bem mais grosseira do que a minha atual e me apresentando como uma das entidades trevosas que os auxiliavam no trabalho. Usando o mesmo nome com que um deles havia se apresentado, expliquei que havia encontrado uma maneira de deixar Trevas temporariamente e que estava ali para que planos mais ambiciosos de conquistas pudessem ser implementados. Expliquei rapidamente para eles o plano e pude perceber o brilho perverso e ambicioso no olhar dos serem Umbralinos e dos dirigentes do trabalho.

Havia chegado ao ponto fraco deles, que era a grande ambição que tinham, e sabia que se a usasse a meu favor, conseguiria atingir o meu objetivo. Havia somente mais uma coisa a fazer; precisaria garantir que os seres trevosos não desconfiassem de nada e, para isso, teria que me passar pelos seres Umbralinos, fazendo com que acreditassem que os pensamentos deles chegavam até mim. Essa parte foi até mais fácil, dado a arrogância deles que não se preocupavam em checar absolutamente nada. A única coisa que tive que fazer foi bloquear a comunicação deles com os seres Umbralinos, desviando-as para mim e passando a ser o receptor das comunicações dos dois lados.

Enquanto colocava em prática essa segunda fase, não pude deixar de pensar como estes seres tão arrogantes e, por vezes, relapsos, haviam conseguido tramar tal ação sem que nem eu nem meus auxiliares pudessem desconfiar. Certamente era uma lição para mostrar que algo precisava ser ajustado no nosso controle, pois abria um precedente muito perigoso. Imaginem se os espíritos exilados do convívio com outros espíritos e com os encarnados passassem não só a se comunicar, mas também influenciar os encarnados e desencarnados? Eles certamente poderiam induzir espíritos a praticar muitas atrocidades, implantando caos e terror por onde passassem.

Mas agora tinha pouco tempo para assumir o controle dos trabalhos, evitando assim que continuassem a prejudicar inúmeros encarnados e desencarnados.

Ao ganhar a confiança deles, comecei a desorientar os espíritos e dirigentes, passando magias e feitiçarias que não tinham efeito prático. Evidentemente, como a mente deles emanava vibrações negativas isso minimiza, mas não cessava o efeito das magias endereçadas.

Dando continuidade ao meu plano de ação, me aproximei dos seres Umbralinos, e iniciei uma conversa.

– O que desejam para vocês? – questionei aos seres Umbralinos.

– Queremos ter poder para levar a cabo a vingança contra todos aqueles que foram motivo de nossa queda.

Os dois pareciam completamente afinados e, pouco a pouco, pude entender o porquê.

– Foram grandes líderes em sua última encarnação no plano material, posso perceber que não perderam a capacidade de liderar.

Os dois assentiram vivamente interessados no que poderia dizer.

– Percebo também que foram traídos pelos seus próximos, que os envenenaram para que pudessem ficar em vossos lugares. Porém, como não tinham a mesma capacidade, em pouco tempo perderam o poder, sendo destituídos da liderança de todo o poderoso exército. Vejo também que ao desencarnaram muitos dos vossos inimigos buscaram vingança e passaram a persegui-los, infligindo-lhes grandes flagelos e, mesmo hoje, muitos ainda caçam vocês em busca de vingança.

– Poderia fazer algo para nos ajudar a derrotar nossos inimigos? – questionaram.

Mas antes que eu pudesse responder fui interrompido.

– Agora somos nós que queremos vingança. Todos aqueles que algo fizeram para nós devem pagar, devem sentir novamente o terror de nossas espadas.

– Entendo e posso lhes ajudar a encontrar caminhos para afastar todos os inimigos – respondi.

Ao perceber que eles estavam cada vez mais interessados no que eu tinha a dizer, continuei.

– Além de vir aqui no planeta, descobri como ir até a Luz, e andar por colônias de transição sem ser percebido e lá vocês podem adquirir todo o conhecimento dos líderes, que, com sua magia, fazem com que espíritos que querem praticar o mal se mantenham impossibilitados de fazer algo. Posso fazer com que vocês possam ir até essas colônias.

– Não sei se é uma boa ideia. Sempre ouvimos que uma vez nestes lugares ficaríamos impedidos de fazer qualquer coisa que contrarie a Lei e tão pouco teríamos autorização para sair de lá.

– Por acaso duvidam de mim, quando disse que estive lá e retornei?

– Certamente não.

– Pois então, o que estou lhes oferecendo é conhecimento suficiente para derrotar todos os seus inimigos e, enquanto lá estiverem, eu poderei continuar o trabalho aqui até que retornem.

Eles aceitaram e eu mesmo os levei para uma colônia de transição, só que ao chegarem lá foram surpreendidos com a presença de um espírito mais evoluído, que sempre teve ascendência sobre eles e que na última encarnação havia sido a mãe deles. O encontro trouxe forte emoção e pude vê-los chorar como nunca antes. Ela os convenceu a ficar por lá para que pudessem ser auxiliados, tratados, e para que estudassem de modo a recuperar o equilíbrio após décadas peregrinando pelo Umbral.

A mãe que, muitas vezes, tentou contato com eles no Umbral sem obter êxito, finalmente pôde reunir a família para auxiliar seus filhos no desenvolvimento.

Assim uma das peças havia sido neutralizada. Agora faltava ainda mais duas.

# Os dirigentes da Casa

Nada pior do que um dirigente que abusa de sua posição para iludir, ludibriar, humilhar e até escravizar aquele que chega ali em busca de auxílio. Estes dirigentes, quando estiverem no outro plano, terão destino bastante cruel, pois além de prejudicarem encarnados em momento desespero, ainda acabam prejudicando a religião como um todo. Quantos não passam a ter uma visão completamente distorcida de determinada religião por conta de um dirigente que, ao proceder mal, faz com quem aqueles que observem julguem que toda a religião assim o faz?

Desde que cheguei pude constatar que o Centro não parava de crescer em números de visitantes em busca de ver seus pedidos atendidos. Assim teria que agir logo para que não fossem gerados outros trabalhos menores a partir daquele, espalhando assim aquela visão deturpada da religião.

Busquei me fazer visível para aqueles dirigentes, me fazendo passar pelo ser trevoso que agora dizia estar lá para auxiliar pessoalmente no exercício do trabalho.

— Tenho planos muitos ambiciosos para vocês e, por isso, vim pessoalmente até aqui. Minha ideia é que construam muitas tendas iguais e maiores do que essa em diferentes regiões. Para isso, peço que sigam tudo aquilo que lhes orientar e o primeiro passo é deixar de lado aqueles que aqui procuram coisas triviais para focar na construção da grande rede de tendas.

– Por ora, peço que cancelem o atendimento aqui e partam para a região que lhes comunicar.

Ludibriados por mim, os dirigentes foram facilmente envolvidos e, em pouco tempo, estavam quase que em estado de loucura, tal a quantidade de informações conflitantes que eles recebiam de mim o tempo todo.

Tinhoso fui quando me prontifiquei a influenciar o tempo todo aqueles dirigentes, que se sentiam os mais poderosos.

Em pouco tempo o número de frequentadores da Casa minguou e os dirigentes caíram em todas as armadilhas que preparei, incluindo exibições em público nas quais as suas mediunidades foram bloqueadas para que virassem motivo de chacota.

Entregues à própria sorte, eles, por vezes, tentaram fingir ter novamente poderes mediúnicos, mas, em pouco tempo, acabaram caindo em estado de loucura e, mesmo eu buscando lhes oferecer ajuda, não aceitaram e entraram em grave estado de perturbação.

# Os seres trevosos

Estava de volta ao meu Reino. O grande desafio já havia sido superado, mas ainda havia algo a fazer. Os seres trevosos teriam que ser detidos e o conhecimento que tinham sobre a comunicação com o outro lado teria que ser perdido. Se passassem para a frente, a situação poderia ficar muito difícil e algo teria de ser feito logo, pois conhecimento em mãos erradas é algo muito perigoso.

Os emissários do Pai Maior sempre trataram de manter a salvo muitos segredos sobre a vida, o universo e mesmo sobre Nosso Pai Maior, assegurando que só aqueles purificados pudessem ter acesso a verdades absolutas. Também buscaram preservar os conhecimentos da alta magia fora do alcance de espíritos imperfeitos que poderiam usá-los para disseminar o Mal.

São inúmeros os relatos de momentos cruciais na história em que segredos muito importantes correram sério risco de caírem nas mãos erradas; e conta-se que a maior parte das batalhas ocorridas em diferentes planos tinham por origem a busca pelo conhecimento.

Muitas invasões de reinos se deram aqui em Trevas visando buscar o conhecimento e os dons acumulados por seu Regente, sendo que uma das primeiras orientações que recebi antes de me tornar dirigente foi a de manter meus conhecimentos preservados em absoluto segredo e, mesmo que meu trono fosse tomado, destituído, meus conhecimentos deveriam permanecer somente comigo. Para isso tive que aprender técnicas de preservação mental para bloquear completamente qualquer tipo de tentativa de acesso ao meu conhecimento. No treino caí por diversas vezes no momento em que meus temores eram acessados, e também me saí vencedor quando acessei os temores mentais de meus oponentes. Porém aprendi que os conhecimentos e dons, muito mais do que os temores, devem ser protegidos.

Dado o que ocorrera, a situação agora inspirava muito cuidado, visto que seres pertencentes ao Reino adquiriram conhecimento antes só partilhado pelos dirigentes e pela alta espiritualidade. E, mais do que simplesmente neutralizar a ação dos seres trevosos, eu teria que descobrir como eles conseguiram tal acesso e, para isso, não havia outra maneira senão ir ao encontro deles. Parti em caminhada até os encontrar em uma região pouco povoada do Reino.

– Chegou a hora de acertarmos as contas – disse em tom ameaçador.

– Seu Exu, o que fizemos ao Senhor? Seguimos todas as regras impostas e nada fizemos para que fossemos ameaçados.

– Vocês transgrediram uma Lei muito importante que é a de não entrar em contato com o plano material. Por ventura creram que não ficaria sabendo?

– Por tempo influenciaram o plano material e influíram até na criação de um Centro disseminador do Mal, mas agora o poder de vós foi neutralizado. Porém, mesmo assim, cometeram uma transgressão à Lei e terão de ser punidos.

— Rogamos que acrediteis que nada temos a ver com isso. Jamais nos apropriamos de tal conhecimento e, muito menos, os utilizamos para prejudicar a quem quer seja.

— Mentirosos! Continuam sendo ardilosos, achando que podem me enganar — bradei em alto tom.

— Por ventura me tomam como um tolo para o qual não devem a verdade? Acreditam mesmo que não consigo acessar a todos os vossos pensamentos e que algo conseguiriam esconder de mim?

— Senhor Exu, sabemos de vosso conhecimento e poder, e podemos lhe garantir que se caímos na tentação de usar o conhecimento proibido, rogamos por misericórdia e podemos garantir que nunca mais faremos uso de tal conhecimento.

— Preciso saber como tiveram acesso a tal conhecimento.

Eles tentaram dissimular, mas no momento em que fiz tal pergunta, ativei conscientemente o campo mental deles que os entregou. Haviam sido ensinados pelo meu antigo inimigo que, antes de padecer, fez questão de lhes revelar o que sabia.

O plano traçado por eles consistia em arregimentar espíritos Umbralinos visando construir um exército ainda mais forte que pudesse dominar Trevas, conquistando todos os Reinos, começando pelo Sétimo, que fica em posição geográfica favorável. Mas, antes de colocar o plano em prática, resolveram testar sua influência com encarnados, visando se divertirem sem despertar desconfiança.

Sabendo do perigo que representavam, eles foram levados como prisioneiros para um local em que estariam isolados do convívio com os demais. Depois de passar pelo sofrimento reparador, seriam levados aos sábios que tratariam de apagar completamente esse conhecimento da mente deles. Esse expediente é usado aqui raras vezes, pois requer que a situação represente grave perigo para a humanidade ou para aquele que detém tal conhecimento.

Por ora, o risco estava reduzido. Porém, sabia que novos desafios poderiam vir e buscaria me preparar para enfrentar cada um deles.

O Mal não descansa, sabemos. Também sabemos que tudo na Justiça Divina se afina. Sem o Mal, o Bem não se desenvolveria, e talvez o ócio imperasse. Por isso, o Pai Maior permite a seus filhos o livre-arbítrio de escolher qual caminho seguir. A decisão de ir pela dor ou pelo amor é de cada um. Nosso Pai mostra o caminho, mas cabe a cada filho escolher o que melhor lhe compraz. Infelizmente os filhos, em geral, escolhem o caminho mais difícil, pois o Mal aparentemente é mais sedutor. Porém, a seu tempo, todos, sem exceção, enxergarão a Verdade de que o melhor caminho é o guiado pelo Amor, em que não existem guerras, não existe maldade, em que todos se veem como irmãos, partilhando o que têm, as alegrias, e apoiando-se mutuamente.

Enquanto isso não acontece, Exus, como eu, ajudam a conter o Mal, fazendo-se estar junto aos maus, mas com autoridade moral sobre estes, contendo sua ação, sem tirar-lhes o livre-arbítrio.

Por isso, sempre que alguém avista a figura de um Exu, sabe que ali está um trabalhador incansável da Seara do Pai Maior, um espírito sério, duro, justo, e que não deixa jamais seu filho desamparado. Todo aquele que fere a Lei Maior terá que prestar contas ao Pai Maior e será cobrado diretamente por um Exu. Por outro lado, todo aquele que seguir a Lei terá no Exu um defensor, um amigo leal, que poderá ser acionado a qualquer momento para guiar-lhe e proteger-lhe de todo o mal lançado.

É uma pena que muitos espíritos inferiores busquem passar-se por Exus e acabem maculando o nome de Seres que escolheram viver nas Trevas quando poderiam habitar a Luz, que escolheram defender o interesse dos outros quando poderiam advogar em causa própria, que escolheram o trabalho ao descanso, que se tornam duros para que pudessem proteger os necessitados.

Porém, ai daqueles que se passarem por Exus e não tiverem sua autoridade moral, pois serão levados, a seu tempo, a pagar por tudo o que fizeram.

Sempre que buscar proteção não hesite em pedir pela presença de um Exu. No plano material ou no plano espiritual, eles ali estão como incansáveis trabalhadores até o dia em que não mais existirá o Mal. Enquanto isso, não descansarão perante qualquer injustiça cometida.

*Despeço-me dando um boa noite a quem é de boa noite e um a bença a quem é de a bença.*

Exu das Sete Encruzilhadas

# Epílogo

Nascido e criado nas Trevas, forjado em momentos de imensa tragédia, mas fortalecido na Luta, e no ideal de auxílio ao próximo, Exu das Sete Encruzilhadas teve permissão maior para revelar parte de sua história, visando desmistificar e humanizar a figura dessa entidade por vezes tão controversa por falta de esclarecimento por parte daqueles que o julgam, ou mesmo por embustes que se passam por sua figura para disseminar o Mal. Ocorrida há muitos anos terrestres e em diferentes planetas, essa história ainda carrega elementos atuais, e mostra a dura realidade a que está submetida aqueles que não seguem o caminho do amor.

Ninguém escapa à Lei, mais cedo ou mais tarde, algozes se tornarão vítimas, pois toda ação gera uma reação. A sabedoria de Exu mostra que qualquer ser é resultado de suas escolhas. Não há como semear más sementes e colher bons frutos. Para que esse trabalho se concluísse, muitos espíritos nos assessoraram e vibraram para que o médium conseguisse conclui-lo. Agradeço e saúdo a cada um deles. Suas contribuições não serão esquecidas por mim. Que o Pai Maior aumente suas Luzes. Saúdo os mensageiros. *Laroiê, Exu!*